Petra Ahrens (Text)
Josef Wolters (Fotos)

AF203849

Taschenatlas Kaninchen

98 Rassen
130 Farbfotos

Inhalt

Bildquellen
Regina Kuhn: Umschlagfotos, Seite 2, 3, 5, 7,
11, 12, 15
Petra Ahrens: Seite 9
alle anderen Josef Wolters

**Bibliografische Information der Deutschen
Bibliothek**
Die Deutsche Bibliothek verzeichnet diese
Publikation in der Deutschen Nationalbiblio-
grafie; detaillierte bibliografische Daten sind
im Internet über http://dnb.ddb.de abrufbar.

© 2006 Eugen Ulmer KG
Wollgrasweg 41
70599 Stuttgart (Hohenheim)
E-Mail: info@ulmer.de
Internet: www.ulmer.de
Umschlaggestaltung: Atelier Reichert,
Stuttgart
Lektorat: Dr. Eva-Maria Götz
Herstellung: Thomas Eisele
Reproduktion: BRK Stuttgart
Druck: Appl, Wemding
Printed in Germany

**ISBN-13: 978-3-8001-4928-5
ISBN-10: 3-8001-4928-1**

Vorwort

Nachdem in dieser Taschenatlas-Reihe bereits schon einige Ausgaben zu den verschiedensten Pflanzen- und Tierarten erschienen sind, wurde nunmehr der Schwerpunkt auf die Kaninchen gelegt.

So werden in diesem Buch anhand von aussagekräftigen Farbfotos und stichwortartigen Beschreibungen alle derzeit im Zentralverband Deutscher Kaninchenzüchter (ZDK) anerkannten Kaninchenrassen vorgestellt.

Dabei sind die Entstehungsgeschichte, die wichtigsten Merkmale, leichte und schwere Fehler, Besonderheiten der Häsin sowie die Nutzungsrichtung, die Verbreitung, der Platzbedarf und die Wurfgröße jeder Rasse aufgeführt.

Mit diesem Taschenatlas hält der Leser somit ein praktisches Nachschlagewerk in der Hand, das kurz und prägnant die wichtigsten Eigenschaften aller Rassen beschreibt. Zudem bietet es dem Neueinsteiger in Sachen Kaninchenhaltung und -zucht einen kompletten Überblick über die gesamte Rassenvielfalt und die Möglichkeit, das für ihn ideale Kaninchen zu finden.

Mein herzlicher Dank gilt dem Verlag Eugen Ulmer, vor allem der Lektorin, Frau Dr. Eva-Maria Götz, für deren Unterstützung, sowie Bildautor Josef Wolters nebst Gattin, die mit viel Engagement und Liebe zum Tier alle Rassen vornehmlich bei großen Ausstellungen fotografiert haben.

Ferner möchte ich meine langjährige und große Verbundenheit mit dem Zentralverband Deutscher Kaninchenzüchter zum Ausdruck bringen, dessen aktueller Standard als Grundlage für diesen Taschenatlas diente.

Flöthe, Frühjahr 2006
Petra Ahrens

Einführung

Die in diesem Nachschlagewerk in alphabetischer Reihenfolge aufgeführten Kaninchenrassen sind derzeit in der größten deutschen Vereinigung für organisierte Rassekaninchenzüchter, dem Zentralverband Deutscher Kaninchenzüchter (ZDK), anerkannt.

In unregelmäßigen Zeitabständen werden von der ZDK-Standardkommission weitere Rassen bzw. Farbenschläge in den Standard aufgenommen, wenn diese eine zufriedenstellende Homogenität und Verbreitung erlangt haben. Bei zu geringer Verbreitung kann einer Rasse ebenso gut aber auch die Anerkennung wieder entzogen werden.

Als Grundlage für den Taschenatlas Kaninchen diente der ZDK-Standard des Jahres 2004.

Erläuterungen zu den Rassenübersichten

Analog zum ZDK-Standard werden alle aufgeführten Kaninchenrassen in folgende Gruppen unterteilt:

Abteilung I	Große Rassen
Abteilung II	Mittelgroße Rassen
Abteilung III	Kleine Rassen
Abteilung IV	Zwergrassen
Abteilung V	Haarstrukturrassen
Abteilung VI	Kurzhaarrassen
Abteilung VII	Langhaarrassen

Zu jeder Rasse gibt es in diesem Taschenatlas einen kurzen Abriss über deren Entstehung. Bei Rassegruppen, wie den Rexen, wird nur auf die Rassegeschichte der Ursprungsrasse, in diesem Fall der Castor-Rexe, eingegangen.

Unter Punkt „Farbenschläge" werden alle derzeit zugelassenen Farbenschläge der jeweiligen Rassen aufgeführt.

Das Merkmal „Gewicht" ist in Mindest-, Normal- und Höchstgewicht unterteilt.

Unter „Körperbau, Kopf und Ohren" werden die wichtigsten körperlichen Rassemerkmale genannt.

Farbe und Beschaffenheit des Fells werden unter dem Punkt „Fellmerkmale" beschrieben.

Bei Zeichnungsrassen wird unter Punkt „Zeichnung" die genaue Fellmusterung erläutert.

Kurz aufgeführt werden ebenfalls die typischsten leichten und schweren Fehler jeder Rasse. Hierbei werden jedoch aufgrund des stichwortartigen Charakters dieses Buches nur die wichtigsten Mängel zusammengefasst. Allgemeine leichte und schwere Fehler, die für alle Rassen gelten, werden in den Erläuterungen zu den einzelnen Bewertungspositionen beschrieben.

Zu den geschlechtsspezifischen Unterschieden gibt es kurze Informationen im Punkt „Besonderheiten der Häsin".

Verwendete Symbole

Nutzungsrichtung:
- Fleisch
- Fell
- Wolle

Platzbedarf: Gemäß den Vorgaben des Zentralverbandes Deutscher Kaninchenzüchter

Wurfgröße: Durchschnittlich zu erwartende Jungtierzahl/Wurf

Verbreitung: Vorkommen der einzelnen Rassen im ZDK:
✶ sehr gering, ✶✶ gering, ✶✶✶ mittel, ✶✶✶✶ hoch, ✶✶✶✶✶ sehr hoch.

Grundsätzliches zum Ausstellungs-wesen

Es gibt folgende Arten von Bewertungen bzw. Schauen:

– Tischbewertungen
– Jungtier- und Werbeschauen
– Vereins- und Gemeinschaftsschauen
– Kreis- und Bezirksverbandsschauen
– Landesverbandsschauen
– Bundesschauen
– Allgemeine Schauen
– Club- und Sonderschauen
– Leistungsschauen
– Erzeugnisschauen

Voraussetzung für die tatsächliche Durchführung einer dieser Schauen ist deren Genehmigung. Die Anmeldungen sind über die jeweiligen Kreis- bzw. Bezirksverbände an den Landesverband zu richten. Wichtig dabei sind die Angaben über den Ort, die Zeit, die Art der Schau und der Bewertung sowie über den Veranstalter.

Innerhalb eines Ortes darf zur gleichen Zeit nur eine Ausstellung stattfinden (Ausnahme: größere Städte). Werden Bezirks- oder Kreisverbandsschauen ausgerichtet, so dürfen zeitgleich dazu keine Ortsschauen durchgeführt werden. Dasselbe gilt bei Landesverbandsschauen, wobei in diesem Fall auch die Kreis- und Bezirksverbände mit Sperrzeiten belegt werden. Gleichzeitig zu einer Bundes- oder Bundesrammlerschau dürfen im ZDK-Gebiet keine Landesschauen stattfinden.

Voraussetzungen für die Teilnahme an einer Schau sind die ordentliche Mitgliedschaft in einem dem ZDK angeschlossenen Verein sowie die korrekte Kennzeichnung der im Verband zugelassenen auszustellenden Rasse. Tiere mit nicht lesbarem Tätowierung bleiben ohne Bewertung.

Neuerdings können aber auch Hobby-Kaninchenhalter in gesonderten Abteilungen bei Jung- und Alttierschauen der Vereine ihre Tiere zeigen. Für diese Kaninchen wird

Lebendgewicht bis zu kg je Tier	Höhe des Transport-behältnisses in cm	Fläche je Tier in cm^2	Höchstzahl der Tiere je Behältnis
0,3	15	100	12
0,4	15	150	12
0,5	15	300	12
1	20	500	4
2	20	750	4
3	25	900	2
4	25	1000	2
5	25	1150	2
über 5	30	1400	1

vom Preisrichter ein Wertungsbericht angefertigt, in dem das Gewicht, der Typ, der Fellzustand sowie Pflege und Gesundheit beschrieben werden.

Zu beachten gilt es, dass Neuzüchtungen nur bei Landes- oder Bundesschauen bzw. bei Landesrammler- oder Bundesrammlerschauen bewertet werden dürfen. Kreuzungstiere dürfen nicht ausgestellt werden. Über die Vorstellung von zugelassenen Neuzüchtungen bei anderen Schauen ohne Bewertung entscheiden die Landesverbände. Im Ausland organisierte Züchter können Tiere ausländischer Rassen bei Allgemeinen Schauen, Vereinsschauen (in besonderen Fällen), Club- und Clubvergleichsschauen bewerten lassen. Die Rassen müssen im Europastandard vertreten sein und nach diesem auch bewertet werden. Im ZDK organisierte Züchter können ebenfalls ausländische Rassen, die im Europastandard anerkannt sein müssen, ausstellen. Diese sind dann wie die Neuzüchtungen und Nachzuchten zu bewerten oder können ohne Bewertung vorgestellt werden. Tiere aus Rassen, die im ZDK anerkannt sind und in einem anderen Land des „Europäischen Verbandes für Geflügel-, Tauben-, Kaninchen- und Caviazucht" gezüchtet werden, können als Einzeltiere oder als Elterntiere in der Zuchtgruppe 1 bewertet werden. Voraussetzung ist die ordnungsgemäße Kennzeichnung des jeweiligen Landes.

Um die Tiere zu den Ausstellungen zu bringen, werden sie in Transportbehälter gesetzt, deren Maße in der Tierschutztrans-portverordnung vorgeschrieben sind (siehe Tabelle). Bei längerem Transport muss dafür gesorgt werden, dass die Sitzfläche durch saugfähiges Einstreumaterial oder einen Rost möglichst trocken bleibt. Als Futtermittel eignen sich Rüben, Äpfel und Heu. Keinesfalls dürfen trockenes Brot oder Kraftfutterpellets verfüttert werden, da bei diesen Futtermitteln das gleichzeitige Anbieten von Wasser unerlässlich ist.

Die Mindestgröße der Ausstellungskäfige beträgt laut Allgemeinen Ausstellungs-Bestimmungen des ZDK für
große Rassen: 65 cm × 65 cm
mittelgroße Rassen: 60 cm × 60 cm
kleine und Zwergrassen: 50 cm × 50 cm.

Während der gesamten Ausstellung befinden sich die Kaninchen in der Obhut der Schauleitung. Ohne Genehmigung ist es also nicht erlaubt, Tiere vor der festgelegten Ausstallzeit aus den Käfigen zu nehmen oder von der Schau zu entfernen.

Kranke oder mit Parasiten befallene Kaninchen sind von der Schauleitung oder auf Veranlassung der Preisrichter in Quarantäne zu setzen. Diese Tiere erhalten auf der Bewertungskarte das Prädikat „ohne Bewertung". Eine Begründung dafür wird in die Zeile „Bemerkungen für Gesundheit und Kennzeichnung" eingetragen.

Wird ein Tier bei einer Ausstellung verkauft, hat der Käufer einen Anspruch darauf, vom Verkäufer einen Abstammungsnachweis zu verlangen.

Grundlagen der Bewertung

Sämtliche Rassen des ZDK-Standards werden nach folgenden Kriterien bewertet und erhalten bei der Alttierbewertung maximal folgende Punkte:

1. Gewicht (20 Punkte)
2. Körperform, Typ und Bau (20 Punkte)
3. Fellhaar bzw. Wolldichte und -länge (15 Punkte)
4. Besondere Rassemerkmale, z. B. Kopfzeichnung (15 Punkte)
5. Besondere Rassemerkmale, z. B. Rumpfzeichnung (15 Punkte)
6. Besondere Rassemerkmale, z. B. Farbe (10 Punkte)
7. Pflegezustand (5 Punkte)

Bei der Bewertung von Alttieren gibt es folgende Noten:

97,0–100 Punkte = vorzüglich
96,5 Punkte = hervorragend
93,0–96,0 Punkte = sehr gut
89,0–92,5 Punkte = gut
85,0–88,5 Punkte = befriedigend
unter 85,0 Punkte = nicht befriedigend

Außer in Position 1 können in den restlichen Positionen auch halbe Punkte vergeben werden. In der Position „Gewicht" muss das Gewicht des Tieres auf der Bewertungskarte und gegebenenfalls in der Bewertungsliste vermerkt werden.

Begründungen für Abzüge von zwei und mehr Punkten sind in den Positionen 2 und 3 sowie von mehr als einem Punkt in den Positionen 4 bis 6 auf der Bewertungskarte und eventuell in der Bewertungsliste zu vermerken. Punktabzüge in der Position 7 sind in jedem Fall zu beschreiben.

Das Urteil „nicht befriedigend" wird vergeben, wenn:
- in Position 1 das Mindestgewicht nicht erreicht oder das Höchstgewicht überschritten ist

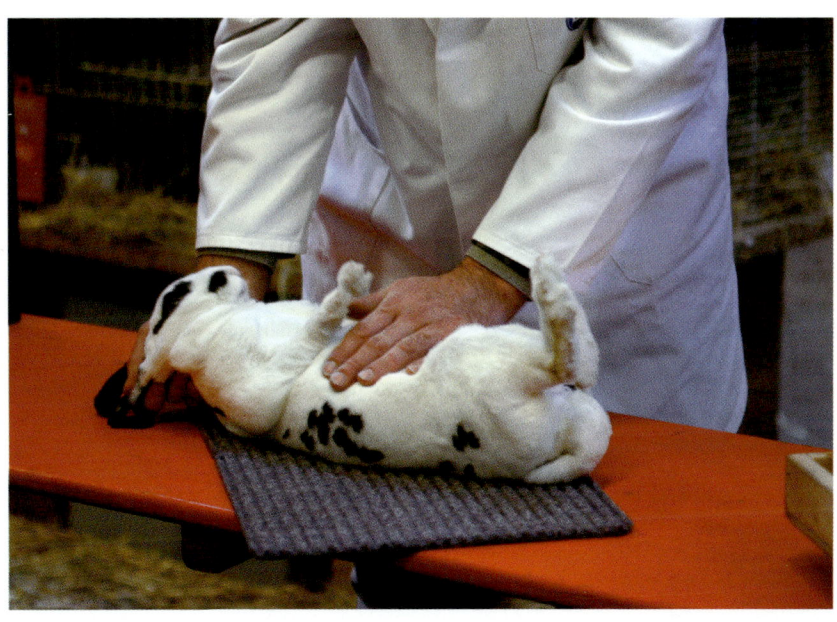

- in Position 2 weniger als 15 Punkte
- in Position 3, 4 oder 5 weniger als 11 Punkte
- in Position 6 weniger als 6 Punkte
- in Position 7 weniger als 3 Punkte erreicht werden.

Die Vergabe „nicht befriedigend" oder der Ausschluss von der Bewertung mit „o.B." muss in jedem Fall begründet werden. Bei Schauen, wo mehrere Preisrichter tätig sind, ist ein zweiter Richter zur Bestätigung hinzuzuziehen. Die Bewertungsnoten 97,0 bis 100 Punkte und das Prädikat „vorzüglich" dürfen nur bei Schauen vergeben werden, bei denen mindestens zwei Preisrichter tätig sind.

Jungtiere erhalten eine Gesamtbeurteilung mit folgenden Wertnoten:
sehr gut
gut
befriedigend
nicht befriedigend

Es kommen folgende Hilfspunkte zur Anwendung:

bei 5 positiven Bemerkungen (Pos. 2 bis 6; ohne negative Bemerkungen in den Positionen 1 und 7 → entspricht „sehr gut in allen Positionen")	sg 7
bei 4 positiven Bemerkungen	sg 6
bei 3 positiven Bemerkungen	sg 5
bei 2 positiven Bemerkungen	sg 4
bei einer positiven Bemerkung	sg 3
bei einer positiven und einer negativen Bemerkung	g 2
bei einer negativen Bemerkung	g 1
bei 2 negativen Bemerkungen	g 0
bei 3 und mehr negativen Bemerkungen	b 0

Dabei ist wichtig, dass in den Positionen 1 und 7 keine positiven Bemerkungen geschrieben werden. Stehen auf der Bewertungskarte positive und negative Bemerkungen, so sind diese voneinander abzuziehen.

Aus der Zahl der verbleibenden Bemerkungen ergibt sich das Ergebnis der Hilfspunkte.

So verbleibt beispielsweise bei drei positiven und zwei negativen Bemerkungen nach Abzug voneinander noch eine positive Bemerkung. Dies bedeutet, das Tier erhält die Gesamtbeurteilung sg 8/3.

Häsinnen mit Jungtieren werden nach dem Gesamteindruck und ohne Hilfspunkte nach den Wertnoten wie für die Jungtierbewertung beurteilt. Die Jungen müssen mindestens sechs Wochen alt sein.

Es können Häsinnen mit mindestens drei Jungtieren bei den Zwergwiddern, Zwergschecken, Hermelin, Farbenzwergen, Zwerg-Rexen, Zwergfuchskaninchen und allen Zeichnungsrassen der Klassen 2 und 5 ausgestellt werden. Bei allen anderen Rassen müssen pro Häsin mindestens vier Jungtiere mit begutachtet werden. Häsinnen mit jeweils weniger Jungtieren werden nicht bewertet, ebenso wie ein Wurf, der aus verschiedenen Farbenschlägen zusammengesetzt ist.

Schwere Fehler der Häsin, sofern nicht aufzuchtbedingt, werden mit „nicht befriedigend" geahndet. Schwere Fehler bereits bei einem Jungtier mindern das Ergebnis. Bei spalterbigen Rassen werden die nicht standardgemäßen Jungtiere bei der Bewertung nicht berücksichtigt, wenn die Mindestanzahl standardgemäßer Junge gewährleistet ist.

Die Bewertung von Neuzüchtungen und Nachzuchten erfolgt analog der Jungtierbewertung und wird von zwei Preisrichtern durchgeführt.

Verschiedene Bewertungsformen

Grundsätzlich dürfen Preisrichter nicht mehr als eine Bewertung pro Tag durchführen. Dabei dürfen pro Richter nur 80 Einzeltiere bzw. 72 Kaninchen, wenn diese aus Zuchtgruppen stammen, bewertet werden. Nor-

ZDK

Nr. **39**   **II** Preis

Bewertungsurkunde

Rasse **Weiße Neuseeländer**
Geschlecht **0.1**   Farbe **weiß**
Kennzeichnung rechts **F65**   links **2.2.1**
Orts / Schau, in **Ostharingen**   am **2/3.11. 2002**

	Punkte
1. Gewicht (20)	4·630 g · 20,0
2. Körperform und Bau (20)	18,5
3. Fell (15)	13,5
4. (15)	14,5
5. (15)	14,5
6. (10)	9,0
7. Pflegezustand (5)	5,0
Gesamturteil	sehr gut 95,0

Bemerkungen für Gesundheit und Kennzeichnung

02D228   Claus Schröder   Stempel   Ausstellungsleiter   Preisrichter

---

malerweise bewertet dann jeder Preisrichter die ihm zugeteilten Tiere fortlaufend.

Daneben gibt es aber auch noch besondere Bewertungsformen, bei denen der Preisrichter jedes zweite (AB), dritte (ABC) oder jedes vierte (ABCD) Tier bewertet. Hierbei hat der Richter ein Tierkontingent von 68. Wird einer Preisrichter-Vierergruppe ein Obmann zugeordnet, so kann sich die Tierzahl pro Preisrichter auf 80 erhöhen.

Bei der ABCD-Bewertung bewerten die vier Preisrichter jeweils ein Tier aus der entsprechenden Zuchtgruppe. Wie sonst auch üblich werden dann die vier einzelnen Bewertungen auf die Zuchtgruppenkarte übertragen und aufaddiert.

Es gibt folgende Zuchtgruppen:
– Zuchtgruppe 1: Ein Elterntier und drei Nachkommen aus einem Wurf des laufenden Zuchtjahres. Das Elterntier kann Fremdzucht sein und muss an erster Stelle der Zuchtgruppe stehen.
– Zuchtgruppe 2: Entweder vier Tiere eines Wurfes oder je zwei Tiere aus zwei verschiedenen Würfen aus dem laufenden Zuchtjahr. Die Tiere stammen aus eigener Zucht und müssen dasselbe Vereinskennzeichen tragen.
– Zuchtgruppe 3: Vier Tiere beiderlei Geschlechts aus beliebigen Würfen des laufenden Zuchtjahres aus eigener Zucht mit demselben Vereinskennzeichen. Über die Zulassung der Zuchtgruppe 3 entscheidet der jeweilige Landesverband.

Bei Punktgleichheit tritt die Zuchtgruppe 3 hinter die Zuchtgruppen 1 und 2 zurück, bei denen ein Vergleich der Bewertungspositionen vorgenommen wird. Bei Bewertungspunkt- und auch Positionspunktgleichheit wird der Meistertitel mehrmals vergeben.

Alter und Geschlecht der Tiere bleiben unberücksichtigt.

Vergleich der Positionen bei gleicher Punktzahl und gleicher Wertnote:
1. höhere Bewertung in Position 2
2. höhere Bewertung in Position 3
3. höhere Bewertung in den Positionen 4, 5 und 6 zusammen

Ablauf des Richtens

Grundsätzlich sollte dem Preisrichter zur optimalen Beurteilung der Kaninchen ein gut ausgeleuchteter Arbeitsplatz zur Verfügung stehen. Besser noch wäre es, wenn die Bewertung bei Tageslicht vorgenommen werden könnte, was aber angesichts der Jahreszeit (Herbst/Winter) und der Ausstellungsbedingungen (fast ausschließlich Hallen oder Vereinsheime) kaum möglich ist.

Jeder Preisrichter benötigt einen ausreichend großer Tisch mit einer griffigen Unterlage und genügend Platz für die Waage. Für die Schreibtätigkeiten (Ausfüllen der Bewertungskarten) hat sich zudem ein Stehpult bewährt.

Unentbehrliche Helfer sind die Zuträger, die dem Preisrichter die zu bewertenden Kaninchen von deren Käfigen zum Bewertungstisch bringen, und ein Schreiber, der die Ergebnisse von den Bewertungskarten in die Bewertungslisten überträgt.

Vor der eigentlichen Bewertung eines Tieres kontrolliert der Preisrichter dessen Kennzeichnung (Tätowierung) auf Korrektheit und Lesbarkeit und vergleicht diese mit den Angaben auf der Bewertungskarte. Sollte es Beanstandungen in Bezug auf die Kennzeichnung und Gesundheit des Tieres geben, so ist dies in einer eigens vorhandenen Rubrik zu vermerken.

Das Kaninchen wird anschließend gewogen und das Gewicht in Position 1 auf der Bewertungskarte notiert. Ferner wird nach-geprüft, ob die Geschlechtsangabe auf der Bewertungskarte für das Tier korrekt ist.

In diesem Zusammenhang prüft der Preisrichter auch gleich, ob das Geschlechtsteil an sich gesund und normal ausgebildet ist. Liegt das Tier einmal auf dem Rücken, so werden zudem die korrekte Zahnbildung und -stellung sowie das vollzählige Vorhandensein und die Farbe der Krallen geprüft.

Mängel im Pflegezustand, wie lange Krallen, unsaubere Läufe und Geschlechtsteile, werden auf der Bewertungskarte in Position 7 geahndet. Behaarungsfehler an den Läufen bei Rexen (Kahlstellen, die bei gestrecktem Hinterlauf nicht überdeckt werden können) werden dagegen in Position 3 „Fell" gestraft.

Täuschungsversuche, wie die Veränderung der Krallenfarbe oder das Entfernen, Beschneiden oder Färben von Flecken, sind untersagt und sollten von vornherein mit dem Grundgedanken des fairen Wettbewerbs unvereinbar sein.

Um das Tier zu schonen und möglichst wenig aufzuregen, wird es während der Bewertung so wenig wie nötig angehoben und gedreht. Der sichere und ruhige Umgang mit den Kaninchen ist dabei selbstverständlich und unerlässlich. Wirkt das Tier erst scheu, so gebe man ihm einige Augenblicke Zeit, um sich zu zeigen und in Stellung zu gehen. Dies ist auch bei hängeohrigen Rassen von Vorteil, da diese ihren Behang dann natürlicher und besser getragen präsentieren.

Durch Abtasten und Streichen durch das Fell werden einerseits dessen Beschaffenheit und Farbe, andererseits auch noch Mängel in der Körperform erkannt.

Nach Sichtung des Tieres füllt der Preisrichter die Bewertungskarte komplett aus, indem er größere Punktabzüge begründet, die Punkte aus den einzelnen Positionen zu einer Gesamtnote aufaddiert und mit seiner Unterschrift bestätigt. Der Zuträger bringt

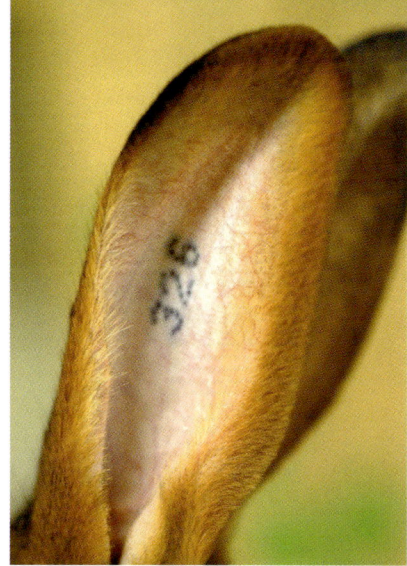

2006) und die fortlaufende Nummer der jeweiligen Rasse im Zuchtbuch.

Die Landesverbände des ZDK werden wie folgt abgekürzt:

C = Baden
B = Bayern
D = Berlin-Mark Brandenburg
HB = Bremen
HH = Hamburg
F = Hannover
H = Hessen-Nassau
K = Kurhessen
M = Mecklenburg-Vorpommern
R = Rheinland
RN = Rheinland-Nassau
P = Rheinland-Pfalz
SR = Saar
S = Sachsen
G = Sachsen-Anhalt
U = Schleswig-Holstein
T = Thüringen
I = Weser-Ems
W = Westfalen-Lippe
Z = Württemberg-Hohenzollern

auf Geheiß des Preisrichters das bewertete Tier in dessen Ausstellungskäfig zurück und holt das nächste.

Die korrekte Kennzeichnung

Nur ein eigens von den Vereinsmitgliedern gewählter Tätowiermeister hat das Recht, die Tiere des Vereins mit der vereinseigenen Tätowierzange zu kennzeichnen. Wichtig ist, dass die zu tätowierenden Jungtiere bis zu diesem Zeitpunkt noch bei der Mutter sind. Vor dem Tätowieren werden die Jungtiere jedes Wurfes nach Geschlecht sortiert. Üblicherweise werden die Rammler vor den Häsinnen gekennzeichnet.

Bei spalterbigen Rassen sind auch die einfarbigen Tiere zu tätowieren. In der Zuchtmeldung und im Vereinszuchtbuch sind unter der Spalte „Bemerkungen" bei diesen Tieren die entsprechenden Farben anzugeben.

In die rechte Ohrmuschel kommen die Kennzeichen der Landesverbände und die Vereinsnummer, ins linke Ohr der Geburtsmonat (1–12), das Geburtsjahr (z. B. 6 für

Tiere mit fehlender, unvollständiger, nicht lesbarer oder doppelter Tätowierung werden nicht bewertet.

Auch nachtätowierte Kaninchen bleiben ohne Bewertung. Werden jedoch zwei Tiere versehentlich mit der gleichen Zuchtbuchnummer tätowiert, so wird bei einem der Tiere zur Unterscheidung eine 0 hinter die Zahl angefügt. Dies muss im Vereinszuchtbuch vermerkt werden. Werden derartig nachtätowierte Kaninchen dann ausgestellt, so benötigt der Züchter in jedem Fall einen vom Zuchtbuchführer und vom Vorsitzenden unterschriebenen Zuchtbuchauszug. Der Name des Züchters darf darauf aber nicht erkennbar sein.

Fehltätowierte Tiere, bei denen z. B. die Tätowierung von linkem und rechtem Ohr vertauscht wurde oder die Ziffern auf dem Kopf stehen, dürfen nur dann bewertet wer-

den, wenn deren Identität deutlich festgestellt werden konnte. Auch für diese Tiere muss der Züchter einen Zuchtbuchauszug, der vom Zuchtbuchführer und vom Vorsitzenden unterschrieben worden ist, beifügen.

Erläuterungen zu den einzelnen Bewertungspositionen
Position 1 „Gewicht"

Bei allen Ausstellungen werden die Tiere am Tag der Bewertung gewogen. Daher hat jeder Preisrichter eine Waage mitzubringen oder muss dafür sorgen, dass ihm bei der Bewertung eine Waage zur Verfügung gestellt wird. Die Punktzahl ergibt sich aus der Gewichtsskala für jede einzelne Rasse.

Position 2 „Körperform, Typ und Bau"

Hier ist die Gesamterscheinung des Tieres zu sehen. Dazu gehören die Körperform, der Rassetyp, der Geschlechtstyp und der Körperbau.

Zum Rassetyp gehören die Proportionen des Körpers einschließlich Gewebestruktur, Länge und Haltung der Ohren. Bei Rassen, die eigene Positionen für „Kopf(-bildung)" und „Ohren- bzw. Behang(-bildung)" haben, werden deren Anforderungen diesbezüglich dort entsprechend bewertet.

Im allgemeinen ist der Rumpf so breit wie hoch und darf sich nach vorne hin nicht wesentlich verjüngen. Dennoch müssen die Grundformen „leicht gedrungen", „gedrungen", „leicht gestreckt" und „gestreckt" unterschieden werden.

Der Rammler hat im Vergleich zur Häsin einen wuchtiger wirkenden Kopf, stärkere Knochen, kräftigere Muskulatur, strafferes Gewebe und stärkere Haut. So müssen vor allem Häsinnen- und Rammlerkopf eindeutig erkennbar sein (Geschlechtstyp).

Die Beurteilung des Körperbaus von Angorakaninchen wird durch Abtasten vorgenommen. Bei den Rexen hingegen tritt der Körperbau durch die kurzen Felle deutlicher in

Erscheinung als bei normal- oder langhaarigen Rassen, so dass diese Besonderheit in die Bewertung mit einfließen muss.

Wammenbildung ist bei den Häsinnen unerwünscht. Wenn Wammen bei einigen Rassen zugelassen sind, so müssen diese schön geformt sein und gerade am Hals anliegen.

Der Zustand der Fellhaut, Wammenfehler, Biss- und Risswunden sowie anatomische Veränderungen (inklusive Augen und Zähne) an Kopf und Ohren werden in dieser Position mitbewertet.

Leichte Fehler: Schmaler, sich nach vorne verjüngender Körper; langer Hals, schmale Brust, abstehende Schenkel, hervortretende Schulterblätter, eckige oder spitz verlaufende Hinterpartie, nicht ebenmäßige Rückenlinie, nicht parallel zum Körper stehende Hinterläufe, leicht durchgetretene, schwache Vorderläufe; teilweise versteifte Zehen, teilweise versteifte, verkürzte oder etwas krumme Blume; schwache Kopfbildung, spitze Schnauze, tief liegende Augen, flatterige, faltige, nicht der Körpergröße entsprechende Ohren; kleine Biss- oder Risswunden an Kopf und Ohren, Hängehoden, leicht gespaltener Penis, leicht gebogener Penis durch angewachsene Vorhaut, etwas große Wamme bei großen und mittelgroßen Rassen (Ausnahme Hasenkaninchen), Wammenansatz bei Hasenkaninchen und kleinen Rassen, leichter Kinnknoten bei Rammlern.

Schwere Fehler: Völlig abweichender Typ, starkes Abweichen der Rumpfproportionen, Steilrücken, X- oder O-Beine, stark durchgetretene Läufe, starke Kuhhessigkeit, versteifte Zehen, Missbildungen oder Verstümmelungen, Biss- oder Risswunden an Kopf und Ohren (große und mittelgroße Rassen: mehr als 15 mm; kleine Rassen: mehr als 10 mm; Zwergrassen: mehr als 5 mm), Verengung des Gehörganges im Bereich des Ohrmuschelansatzes, starke Verwachsungen im Ohrmuschelbereich, starker Kinnknoten,

schiefe oder versteifte Blume, Kieferdeformationen, Zahnanomalien, Tränenabflussstörungen, Überwachsen der Flügelhaut bei einem oder beiden Augen, ausgeprägter Rammlerkopf bei Häsinnen, Häsinnenkopf bei Rammlern; Augenfehler, starke Kippoder Hängeohren (Ausnahme Widder), Zwitter, Kastraten, Fehlen einer oder beider Hodentaschen, Schlepphoden, gespaltener, stark gebogener Penis durch angewachsene Vorhaut; Krallen fehlen (Ausnahme Daumenkrallen), Zottel-, Bein-, Bauch- oder Doppelwamme; schiefe oder stark ausgeprägte Wamme, Wamme bei Hasenkaninchen und kleinen Rassen (Ausnahmen: nur leichter Fehler bei älteren Häsinnen der Rassen Hasenkaninchen, Kleinschecken, Separator, Deutsche Kleinwidder, Kleinchinchilla, Deilenaar, Marburger Feh, Sachsengold und Rhönkaninchen), Wammenansatz bei Zwergen, Wamme und Wammenansatz bei Rammlern.

Position 3 „Fellhaar bzw. Wolldichte und -länge (Angora)"

Grundsätzlich sind bei der Bewertung vier Gruppen von Behaarungen zu unterscheiden:

1. Normalhaarrassen (Abteilungen I, II, III und IV)
2. Haarstrukturrassen (Abteilung V)
3. Kurzhaarrassen (Abteilung VI)
4. Langhaarrassen (Abteilung VII)

Bei der Bewertung spielen die Beurteilung der Länge, Dichte, Struktur und des Reifezustandes der Behaarung eine Rolle. Alle Rassen sollten über eine dichte Behaarung verfügen, ebenso sollten die Ohren gut behaart sein.

Bei den **Normalhaarrassen** wird die Haarlänge geschätzt. Fell mit einer guten Struktur legt sich nach dem Gegen-den-Strich-streichen erst allmählich in seine ursprünglich Lage zurück. Das Deckhaar überragt die Unterwolle ein wenig. Das

Grannenhaar kann je nach Rasse bezüglich der Verteilung, Länge und Stärke unterschiedlich sein. Das Fell sollte sich generell nicht in der Haarung befinden und keine Kahlstellen haben. Wenige lose Haare gelten nicht als Haarung.

Leichte Fehler: Etwas längeres oder kürzeres Haar als für die Rasse beschrieben, wenig behaarte Ohren, wenig Unterwolle, etwas weichere oder härtere Deckhaare als in der Rassebeschreibung, etwas abweichende Begrannung, leichte Haarung, schwach behaarte Körperstellen, leichte Filz- oder Lockenbildung, Stirnbüschelansätze, wenig oder kurze Spürhaare.

Schwere Fehler: Langhaar oder Kurzhaar bei Normalhaarrassen, zu wenig Unterwolle, starke Haarung, sichtbare Kahlstellen, abweichende Begrannung, fehlende Spürhaare, starke Filz- oder Lockenbildung.

Das Deckhaar bei den **Haarstrukturrassen** ist etwa 3,5 cm lang, weich, sehr dicht und besitzt eine gute Struktur. Für die Unterwolle gelten die gleichen Anforderungen wie bei den Normalhaarrassen. Deckhaar und Grannenhaare sind jedoch feiner und bewirken eine seidenartige Beschaffenheit. Das Fell ist frei von Lockenbildung.

Als Fehler gelten die der Normalhaarrassen, wobei eine grobe Begrannung als schwerer Fehler gilt.

Das Fellhaar bei den **Kurzhaarrassen** ist auf der Rückenmitte lediglich 17 bis 20 mm lang. Das Unterhaar bildet einen dichten Wollflaum, das vom Deckhaar kaum überragt wird. Die Grannenspitzen dürfen höchstens 1 mm über das Deckhaar hinausragen. Das Fell fühlt sich samtartig an.

Als Fehler gelten die gleichen wie bei den Normalhaarrassen. Fehlende Spürhaare werden als schwerer Fehler geahndet, ebenso wie Kahlstellen am gestreckten Hinterlauf, die nicht bedeckt sind. Starke Lockenbildung führt auch zum Ausschluss aus der Bewertung.

Die **Langhaarrassen** unterteilt man in Angora und Fuchskaninchen. Bei den Angora soll das Wollvlies am gesamten Körper gleichmäßig stark entwickelt und ohne Filzbildung sein. Das Vlies besteht aus den drei Haararten Unterwollhaar, Deckhaarflaum und Grannenhaar. Die Wolllänge wird geschätzt und beträgt bei Ausstellungstieren und in den Leistungsklassen mindestens 3,5 cm. Die leichten und schweren Fehler sind bei der Angora-Rassebeschreibung aufgeführt.

Fuchskaninchen besitzen kein Wollvlies und haben reichlich Deck- und Grannenhaare in einem guten Verhältnis zum Unterwollhaar. Als Fehler gelten die Mängel wie bei den Normalhaarrassen.

Position 4 bis 6 „Besondere Rassemerkmale"
In diesen Positionen wird den spezifischen Besonderheiten jeder einzelnen Rasse Rechnung getragen (z. B. Farbe, Zeichnung, Merkmale der Körperform und des Rasse- bzw. Geschlechtstyps).

Augenfehler werden als schwere Fehler angesehen. Anatomische Abweichungen werden in Position 2, farbliche Abweichungen in Position „Farbe" geahndet.

Da der Farbenschlag Grau in Eisengrau, Dunkelgrau, Wildgrau, Hasengrau und Hasenfarbig differenziert wird, gibt es für jede Farbnuance eine detaillierte Ergänzung zur Farbbewertung. Auf den Anmeldungbogen zu einer Bewertung muss eine eindeutige Zuordnung der Tiere zu den jeweiligen grauen Farbenschlägen erfolgen.

Bei sowohl weißen als auch farbigen Tieren gilt ein schwacher Farbglanz als leichter und ein gänzlich fehlender Glanz als schwerer Fehler.

Bei der Rostbildung werden der Erbrost und der Umhaarungsrost je nach Rasse in „Deckfarbe", „Farbe" oder „Gleichmäßigkeit"

als leichter oder schwerer Fehler gestraft, während der haltungsbedingte Rost (Urinrost) in Position 7 „Pflegezustand" geahndet wird.

Leichte Fehler sind leichter Rostanflug auf der Decke und kleine Roststellen an den Seiten oder Flanken. Als schwere Fehler gelten starker Rostanflug auf der Decke, größere Roststellen an den Seiten, Flanken oder auf der Bauchseite.

Starke Farbabweichungen von Deckfarbe und Bauchdeckfarbe gelten als nicht standardgemäße Fehlfarben, die mit „nicht befriedigend" bewertet werden. Davon ausgenommen sind kleine Pigmentstörungen an nicht behaarten Stellen (z. B. Lippenspalt, Hodentaschen).

Spürhaare, die eine andere Farbe als die Grund- bzw. Zeichnungsfarbe haben, werden als leichter Fehler bewertet, während andersfarbige Nabelbüschel unberücksichtigt bleiben. Binden (Farbabweichungen an den Vorderläufen) oder farblich abweichen-

de Haarbüschel zwischen den Zehen werden rassespezifisch als leichte oder schwere Fehler gestraft.

Position 7 „Pflegezustand"

Für jeden Züchter ist es oberste Pflicht, die Kaninchen in guter gesundheitlicher Verfassung und in einem einwandfreien Pflegezustand zur Schau zu bringen. So müssen die Tiere bei der Bewertung gut gekürzte Krallen haben sowie saubere Läufe, Ohren und Geschlechtsteile.

Als leichte Fehler werden leichter Stallschmutz, leicht unsaubere Ohren und Geschlechtspartien, lange Krallen sowie leichte Filzbildung bei Normalhaar-, Haarstruktur- und Kurzhaarrassen geahndet. Stark verschmutzte Tiere und starke Filzbildung bei den eben genannten Rassengruppen gelten als schwere Fehler.

Rassen- und Stichwortverzeichnis

Alaska
Mittelgroße Rasse

Rassegeschichte: 1907 in Gotha unter anderem aus Russen, schwarzen Kleinsilbern und Havanna erzüchtet.

Gewicht: Mindestens 2,5 kg; Normal über 3,25 kg; Höchstgewicht 4,0 kg.

Körperbau, Kopf und Ohren: Blockig, breite Brust- und Hinterpartie, mittellange, kräftige Läufe; kurzer, breiter und dicht am Körper angesetzter Kopf; stabile Ohren, passend zum Körper. Dunkelbraune Augen, schwarzbraune Krallen.

Fellmerkmale: Dicht, gleichmäßig fein begrannt, gut behaarte Ohren. Tiefschwarze, glänzende und gleichmäßige Deckfarbe; etwas mattere Bauchfarbe, dunkelblaue Unterfarbe, je intensiver, desto besser.

Leichte Fehler: Kopf und Ohren nicht entsprechend ausgeprägt, glanzlose Farbe, leichte Abweichungen in der Farbe, leichter grauer Anflug, leicht weiß durchsetzte Deckfarbe, leichter Rostanflug, etwas helle oder durchsetzte Unterfarbe, angedeutete Zwischenfarbe.

Schwere Fehler: Stark abweichende Kopf- und Ohrenbildung, stark grau melierte Deckfarbe, starke weiße Durchsetzung, weiße Flecken in der Decke, starke Rostbildung, falsche Augen- oder Krallenfarbe, stark durchsetzte oder unreine Unterfarbe, weiße Unterfarbe am Haarboden, ausgeprägte Zwischenfarbe.

Besonderheiten der Häsin: Feiner gebaut, möglichst wammenfrei. Bei älteren Tieren kleine, gut geformte Wamme erlaubt.

Fell 80×60×60 6 – 8 ★★★★★

Schwarz

Angora, farbig
Langhaarrasse

Rassegeschichte: Siehe weiße Angora.
Farbenschläge: Alle einfarbigen Tiere (Forderungen wie bei Normalhaar-Ausgangsrassen).
Gewicht: Mindestens 2,5 kg; Normal über 3,5 kg; Höchstgewicht 5,25 kg.
Körperbau, Kopf und Ohren: Leicht gestreckt, dicht angesetzter Kopf, kräftige Ohren.
Wollmerkmale: Gleichmäßig dicht. Pastellfarbige Deckfarbe, kürzer behaarte Körperstellen intensiver farbig (unberücksichtigt: Unterfarbe, gelbe Wolle im Geschlechtsbereich). Wolllänge im Stapel 6 cm (bei Ausstellungstieren und in Leistungsklassen mind. 3,5 cm). Backenbart, Behang an Läufen, Stirn- und Ohrbüschel.
Leichte Fehler: Etwas dünne, kurze oder watteähnliche Wolle; ungleiches Wollwachstum, kleinere Filzstellen, wenig Unterwolle, Grannen- oder Spürhaare; weiß durchsetzte

Deckfarbe, andersfarbiger Anflug, Augenfarbe leicht abweichend, schwach ausgeprägte Rassemerkmale, verdeckte Augen.
Schwere Fehler: Zu dünne Wolle, zu wenig Unterwolle, Wolllänge unter 3,5 cm, große Kahlstellen, starke Filzbildung oder Wollwachstumsstörungen, fehlende Kräuselung, Grannen- oder Spürhaare; Fehl- oder Mischfarben, stark weiß durchsetzte Deckfarbe, Fehlen eines Rassemerkmals, falsche Augen- oder Krallenfarbe.

Besonderheiten der Häsin: Bei älteren Tieren kleine, gut geformte Wamme erlaubt.

| Wolle | 80×60×60 | 6–8 | ★ |

Angora, weiß
Langhaarrasse

Rassegeschichte: Kamen vermutlich 1723 aus Schwarzmeerraum nach Frankreich. 1777 Export von England nach Deutschland.
Gewicht: Mindestens 2,5 kg; Normal über 3,5 kg; Höchstgewicht 5,25 kg.
Körperbau, Kopf und Ohren: Leicht gestreckt, dicht angesetzter Kopf, kräftige Ohren. Rote oder blaue Augen, weiße Krallen.
Wollmerkmale: Gleichmäßig dicht. Leicht cremefarbig, kürzer behaarte Körperteile weiß. Wolllänge im Stapel 6 cm (bei Ausstellungstieren und in Leistungsklassen mind. 3,5 cm), kurz gewellte Unterwolle, grober gewellter, längerer Grannenflaum mit grannenartiger Spitze; Grannenhaar überragt Wollvlies. Backenbart, Behang an Läufen, Stirn- und Ohrbüschel.
Leichte Fehler: Etwas dünne, kurze oder watteähnliche Wolle; wenig Unterwolle, ungleiches Wollwachstum, kleinere Filzstellen, wenig Grannen- oder Spürhaare, schwache Rassemerkmale, verdeckte Augen, leichte Farbabweichungen am Rumpf, gelber oder grauer Anflug am Kopf.
Schwere Fehler: Zu dünne Wolle, zu wenig Unterwolle, Wolllänge unter 3,5 cm, große Kahlstellen, starke Filzbildung oder Wollwachstumsstörungen, fehlende Kräuselung, Grannen- oder Spürhaare; Fehlen eines Rassemerkmals, falsche Augen- oder Krallenfarbe.
Besonderheiten der Häsin: Bei älteren Tieren kleine, gut geformte Wamme erlaubt.

Wolle	80×60×60	6–8	**

Blaue Wiener
Mittelgroße Rasse

Rassegeschichte: Ende des 19. Jahrhunderts in Österreich aus Belgischen und Lothringer Riesen sowie Französischen Halbwiddern herausgezüchtet.

Gewicht: Mindestens 3,25 kg; Normal über 4,25 kg; Höchstgewicht 5,25 kg.

Körperbau, Kopf und Ohren: Walzenförmig, knapp mittelhohe Stellung, kräftiger Kopf, kurzer Hals, breite Stirn- und Schnauzpartie, sehr kräftige Ohren, ausgeprägte Brust, mittellange, kräftige Läufe. Blaugraue Augen, dunkle Krallen.

Fellmerkmale: Mittellang, sehr dichte Unterwolle. Mittel- bis dunkelblaue Deckfarbe, etwas hellere Unterfarbe, etwas mattere Bauchdeckfarbe.

Leichte Fehler: Kopf und Ohren nicht entsprechend ausgeprägt, etwas helle, melierte oder bräunliche Deckfarbe; dunkle Farbe, helle Spürhaare, etwas abweichende Augenfarbe, geringe Farbabweichung an Kopf, Ohren, Brust oder Läufen; leichte Durchsetzung, leicht bräunlicher Anflug unter der Decke, etwas durchsetzte Unterfarbe, angedeutete Zwischenfarbe.

Schwere Fehler: Stark abweichende Kopf- und Ohrenbildung, zu helle oder zu dunkle Deckfarbe, falsche Augen- oder Krallenfarbe, stark weiß durchsetzte Deckfarbe oder Ohrenränder, stark brauner Anflug unter der Decke, ausgeprägte Zwischenfarbe, stark weiß durchsetzte Unterfarbe.

Besonderheiten der Häsin: Bei älteren Tieren kleine, gut geformte Wamme erlaubt.

Fell/Fleisch	80×60×60	6–8	★★★★★

Blaugraue Wiener
Mittelgroße Rasse

Rassegeschichte: 1936 in Deutschland bereits anerkannt, Neuanerkennung erfolgte 1997.

Gewicht: Mindestens 3,25 kg; Normal über 4,25 kg; Höchstgewicht 5,25 kg.

Körperbau, Kopf und Ohren: Walzenförmig, knapp mittelhohe Stellung; Kopf und Ohren kräftig, breite Stirn und Schnauze. Blaugraue Augen, hornfarbige Krallen.

Fellmerkmale: Mittellang. Blaugraue Deck- und Unterfarbe, cremefarbige Bauchdeckfarbe, Blumenunterseite, Augenringe, Kinnbackeneinfassung und Laufinnenseiten; blaue Ohrenränder, bräunlicher Nackenkeil, gesprenkelte Blumenoberseite, bräunlichrote Zwischenfarbe.

Leichte Fehler: Kopf und Ohren nicht entsprechend ausgeprägt, Decke ungleichmäßig, Blume schwach gesprenkelt, leicht durchsetzter Ohrenrand, etwas größer oder andersfarbiger Nackenkeil, Deckfarbe leicht weiß durchsetzt, hellere Brust, Flanken und Läufe; helle Bindenansätze, Zwischen- oder Unterfarbe durchsetzt, Bauchunterfarbe nur im Brust- und Schoßbereich.

Schwere Fehler: Kopf, Ohren und Deckfarbe stark abweichend; keine Schattierung, weiße Binden oder Zehen, Blume nicht gesprenkelt, weiße Büschel im Ohrenrand, falsche Augen- oder Krallenfarbe, stark durchsetzte oder fehlende Zwischen- oder Unterfarbe.

Besonderheiten der Häsin: Möglichst wammenfrei. Ältere Tiere: Kleine, gut geformte Wamme erlaubt.

Fell/Fleisch	80×60×60	6–8	★★★

Blaugrau-Rexe
Kurzhaarrasse

Rassegeschichte: Siehe Castor-Rexe.
Gewicht: Mindestens 2,5 kg; Normal über 3,5 kg; Höchstgewicht 4,5 kg.
Körperbau, Kopf und Ohren: Leicht gestreckt, etwas länglicher Kopf, stabile Ohren, mittelhohe Stellung. Blaugraue Augen, dunkelhornfarbige Krallen.
Fellmerkmale: Sehr dicht, auf dem Rücken 17–20 mm, keine Locken- oder Wirbelbildung. Grannen überragen Wollflaum max. 1 mm. Blaugraue Deck- und Unterfarbe, helle Augenringe und Kinnbacken, bräunlicher Nackenkeil, gesprenkelte Blumenoberseite, blaue Ohrenränder, helle Bauchdeckfarbe, Blumenunterseite und Laufinnenseiten; bräunliche Zwischenfarbe.
Leichte Fehler: Etwas helle Brust oder Schenkel, Bindenansätze, leicht durchsetzte Deckfarbe oder Ohrenränder, schwach gesprenkelte Blumenoberseite, schwache Zwischenfarbe, etwas durchsetzte Unterfarbe; Bauchunterfarbe nur in Brust- und Schoßbereich. Fehler zu Körperform und Fell siehe Blau-Rexe.
Schwere Fehler: Zu dunkle oder zu helle Deckfarbe, stark durchsetzte Deckfarbe oder Ohrenränder; Blumenoberseite nicht gesprenkelt, falsche Augen- oder Krallenfarbe, unreine oder weiße Unterfarbe; Zwischen- oder Bauchunterfarbe fehlt. Fehler zu Körperform und Fell siehe Blau-Rexe.
Besonderheiten der Häsin: Zierlicher gebaut. Kleine, gut geformte Wamme erlaubt. Blaugraue Bauchunterfarbe muss auch bei älteren Tieren vorhanden sein.

Fell	80×60×60	8	★

Blau-Rexe
Kurzhaarrasse

Rassegeschichte: Siehe Castor-Rexe.
Gewicht: Mindestens 2,5 kg; Normal über 3,5 kg; Höchstgewicht 4,5 kg.
Körperbau, Kopf und Ohren: Leicht gestreckt, etwas länglicher Kopf, kräftige Ohren, mittelhohe Stellung. Blaugraue Augen, dunkelhornfarbige Krallen.
Fellmerkmale: Sehr dicht, auf dem Rücken 17–20 mm. Grannenspitzen überragen Wollflaum max. 1 mm. Dunkelblaue Deckfarbe, am Bauch etwas heller und matter. Dunkelblaue Unterfarbe bis auf den Haarboden, kleiner Keil.
Leichte Fehler: Leichte Abweichungen vom Rextyp; Kopf und Ohren nicht entsprechend ausgeprägt, leichte Locken- oder Wirbelbildung, leicht überstehende Granne, wenig Spürhaare oder Unterwolle, etwas dünnes Fell, wenig behaarte Ohren, etwas durchsetzte oder matte Deckfarbe, geringe Farb-abweichung an Ohren, Brust und Läufen; am Boden aufgehellte oder leicht durchsetzte Unterfarbe, bräunlicher Anflug, angedeutete Zwischenfarbe.
Schwere Fehler: Rumpf, Kopf und Ohren stark abweichend; falsche Haarlänge, sehr lange Begrannung, starke Lockenbildung, nicht überdeckbare Kahlstellen, fehlende Spürhaare, zu helle oder zu dunkle Deckfarbe, falsche Augen- oder Krallenfarbe; Ohren, Unter- oder Deckfarbe stark weiß durchsetzt; stark brauner Anflug unter der Decke, ausgeprägte Zwischenfarbe.
Besonderheiten der Häsin: Zierlicher gebaut. Kleine, gut geformte Wamme erlaubt.

Fell   80×60×60   8   ★★★

Burgunder
Mittelgroße Rasse

Rassegeschichte: Seit 1914 in Frankreich anerkannt; aus gelbwildfarbigen Belgischen Riesen und belgischen Hauskaninchen erzüchtet.

Gewicht: Mindestens 3,25 kg; Normal über 4,25 kg; Höchstgewicht 5,25 kg.

Körperbau, Kopf und Ohren: Leicht gestreckt, kräftiger Kopf, breite Stirn und Schnauze, mittellange und kräftige Läufe, etwas längere, feste Ohren. Braune Augen, dunkelhornfarbige Krallen.

Fellmerkmale: Mittellang, sehr dichte Unterwolle. Gelbrote Deckfarbe, helle bis cremefarbige Nase, Augen- und Kinnbackeneinfassung; cremefarbige Bauchfarbe, weiße Blumenunterseite; Unterfarbe etwas heller als Deckfarbe.

Leichte Fehler: Kopf oder Ohren nicht entsprechend ausgeprägt, etwas hellere oder melierte Deckfarbe, leichter dunkler Anflug, etwas brauner Ohrensaum, geringe Farbabweichung an Kopf, Ohren, Brust oder Läufen; Bindenansätze, leichte Durchsetzung, leicht bräunlicher Anflug unter der Decke, etwas durchsetzte Unterfarbe, angedeutete Zwischenfarbe.

Schwere Fehler: Kopf und Ohren stark abweichend, zu helle oder zu bräunliche Deckfarbe, starke Durchsetzung, helle Brust oder Läufe, weiße Binden oder Bauchdeckfarbe, falsche Augen- oder Krallenfarbe, stark unreine Unterfarbe, ausgeprägte Zwischenfarbe.

Besonderheiten der Häsin: Bei älteren Tieren kleine, gut geformte Wamme erlaubt.

 Fleisch   80×60×60   8–10   ★★(★)

Castor-Rexe
Kurzhaarrasse

Rassegeschichte: 1919 in Frankreich aus hasengrauen Normandinern gefallen. 1926 Export nach Deutschland.
Gewicht: Mindestens 2,5 kg; Normal über 3,5 kg; Höchstgewicht 4,5 kg.
Körperbau, Kopf und Ohren: Leicht gestreckt, etwas länglicher Kopf, stabile Ohren, mittelhohe Stellung. Dunkelbraune Augen und Krallen.
Fellmerkmale: Sehr dicht, auf dem Rücken 17–20 mm, keine Locken, Grannenspitzen überragen Wollflaum max. 1 mm. Kastanienbraune Deckfarbe, weiße oder cremefarbige Laufinnenseiten, Bauchdeckfarbe und Blumenunterseite. Hellbrauner Keil, rostbraune Zwischenfarbe, blaue Unterfarbe.
Leichte Fehler: Etwas helle Seiten, Bindenansätze, gelbe oder graue Grannenhaare, etwas durchsetzte Deck-, Unterfarbe oder Ohrenränder; etwas schmale, breite oder schwache Zwischenfarbe; Bauchunterfarbe aufgehellt oder nur im Brust- und Schoßbereich. Fehler zu Körperbau und Fell siehe Blau-Rexe.
Schwere Fehler: Starker schwarzer Schleier auf der Decke, Binden, graue Seiten, stark durchsetzte Deckfarbe oder Ohrenränder; Zwischen- oder Bauchunterfarbe (auch im Brust- und Schoßbereich) fehlt, falsche Bauchdeck-, Augen- oder Krallenfarbe. Fehler zu Körperbau und Fell siehe Blau-Rexe.
Besonderheiten der Häsin: Zierlicher gebaut. Kleine, gut geformte Wamme erlaubt. Blaue Bauchunterfarbe auch bei älteren Tieren gefordert.

Fell   80×60×60   8   ★★★★

Chin-Rexe
Kurzhaarrasse

Rassegeschichte: Siehe Castor-Rexe.
Gewicht: Mindestens 2,5 kg; Normal über 3,5 kg; Höchstgewicht 4,5 kg.
Körperbau, Kopf und Ohren: Leicht gestreckt, etwas länglicher Kopf, kräftige Ohren, mittelhohe Stellung. Dunkelbraune Augen, schwarzbraune Krallen.
Fellmerkmale: Sehr dicht, auf dem Rücken 17–20 mm, keine Locken. Aschgraue Deckfarbe; Kinnbacken- und Augeneinfassung heller, schwarze Ohrenränder und Blumenoberseite (grauweiß gesprenkelt), weiße Blumenunterseite, Bauchdeck- und Zwischenfarbe; dunkelblaue Unterfarbe.
Leichte Fehler: Helle Seiten, Brust und Vorderläufe; Bindenansätze; Kopf und Ohren etwas bräunlich, großer Nackenkeil, schwach gesprenkelte Blumenoberseite, schmale Zwischenfarbe, etwas durchsetzte Ohrenränder oder Unterfarbe, falsche

Bauchunterfarbe. Fehler zu Körperbau und Fell siehe Blau-Rexe.
Schwere Fehler: Stark bräunliche Deckfarbe, zu großer Nackenkeil, helle Brust und Vorderläufe; Binden, schwarze Blumenoberseite, stark durchsetzte Ohrenränder oder Unterfarbe, ungleichmäßige Schattierung, falsche Augen- oder Krallenfarbe; Zwischen- oder Bauchunterfarbe (auch im Schoßbereich) fehlt. Fehler zu Körperbau und Fell siehe Blau-Rexe.
Besonderheiten der Häsin: Zierlicher gebaut. Kleine, wohlgeformte Wamme erlaubt. Bei älteren Tieren: Blaue Bauchunterfarbe in Schoßpartie gefordert.

Fell

80×60×60

8

★★

Schwarz-Weiß

Dalmatiner-Rexe
Kurzhaarrasse

Rassegeschichte: Siehe Castor-Rexe.

Farbenschläge: Schwarz-Weiß, Havannafarbig-Weiß, Sepiabraun-Weiß, Dreifarbig (braune Augen); Blau-Weiß (blaugraue Augen), weiße Krallen (kein Fehler: einzelne farbige Krallen).

Gewicht: Mindestens 2,5 kg; Normal über 3,5 kg; Höchstgewicht 4,5 kg.

Körperbau, Kopf und Ohren: Leicht gestreckt, etwas länglicher Kopf, stabile Ohren, mittelhohe Stellung.

Fellmerkmale: Sehr dicht, keine Locken. Weiße Grund- und Unterfarbe.

Zeichnung: Schnauze und Aalstrich punktförmig gezeichnet, Ohren überwiegend farbig, mind. 5 Punkte/Seite; Durchmesser 1,5–3,5 cm.

Leichte Fehler: Wenig aufgelockerte Kopfzeichnung; wenige, etwas grobe oder flächige Punkte am Rumpf; größere zeichnungsleere Körperteile (Ausnahme: Bauch, Läufe); Punkte leicht durchsetzt, durchgehend Weiß an beiden Ohrenvorderseiten, durchgehend melierte Ohren. Fehler zu Körperbau und Fell siehe Blau-Rexe.

Schwere Fehler: Zeichnungsleerer oder grob gezeichneter Kopf; Punkte an Schnauze fehlen, dunkle oder weiße Ohren, falsche Augenfarbe, weniger als 3 Punkte je Seite; Aalstrich durchgehend, stark zusammenhängende Rumpfzeichnung; Zeichnungsfarbe zu stark durchsetzt. Fehler zu Körperbau und Fell siehe Blau-Rexe.

Besonderheiten der Häsin: Zierlicher gebaut. Kleine, gut geformte Wamme erlaubt.

!			
Fell	80×60×60	8	✶✶✶

Deilenaar
Kleine Rasse

Rassegeschichte: In Holland erzüchtet; 1975 in Deutschland anerkannt.

Gewicht: Mindestens 2,25 kg; Normal über 2,75 kg; Höchstgewicht 3,25 kg.

Körperbau, Kopf und Ohren: Gedrungen, breiter Kopf, kurze Ohren. Dunkelbraune Augen, dunkelhornfarbige Krallen.

Fellmerkmale: Mittellang. Rotbraune, flockig schattierte Deckfarbe (Brust und Vorderläufe ausgenommen); Kinn und Bauchdeckfarbe lohfarbig, cremefarbige Blumenunterseite, schwarze Ohrenränder, Blumenoberseite gesprenkelt, rost- bis braunrote Zwischenfarbe, blaue Unterfarbe.

Leichte Fehler: Schattierung oder Sprenkelung der Blumenoberseite schwach, etwas helle Seiten, leicht durchsetzte Deckfarbe oder Ohrenränder, schmale Ohrenränder, helle Kinnbackeneinfassung oder Hinterläufe; Bindenansätze, blasse, etwas schmale oder breite Zwischenfarbe; etwas durchsetzte Unterfarbe, weiße Unterfarbe an Blumenunterseite.

Schwere Fehler: Stark durchsetzte Deckfarbe oder Ohrenränder, weiße Blumenunterseite; Schattierung oder Sprenkelung der Blumenoberseite fehlt, fehlende, zu schmale oder zu breite Zwischenfarbe; falsche Augen- oder Krallenfarbe, Binden, stark unreine Unterfarbe, weiße Bauchunterfarbe.

Besonderheiten der Häsin: Zierlicher gebaut, wammenfrei. Bei älteren Tieren Wammenansatz erlaubt.

Fell   60×60×50   6   ★★★(*)

Deutsche Großsilber, blau
Mittelgroße Rasse

Rassegeschichte: Zu Beginn des 20. Jahrhunderts in Neudietendorf aus schwarzen Kleinsilbern und Blauen Wienern entstanden.

Gewicht: Mindestens 3,25 kg; Normal über 4,25 kg; Höchstgewicht 5,25 kg.

Körperbau, Kopf und Ohren: Gestreckter als Helle Großsilber, Kopf und Ohren kräftig, starke Läufe, mittelhohe Stellung. Graublaue Augen, dunkelhornfarbige Krallen.

Fellmerkmale: Mittellang (kürzer als bei Hellen Großsilbern), gut behaarte Ohren, gleichmäßig abgegrenzte Begrannung, gute Unterwolle. Silberung durch gleichmäßig verteilte, silberweiße und kurz gespitzte Deckhaare (erscheint als feiner, reifartiger Überzug); mittlere Silberung ist vorzuziehen. Sattblaue, glänzende Deckfarbe; etwas mattere Bauchdeckfarbe, blaue Unterfarbe, reicht bis zum Haarboden.

Leichte Fehler: Silberung etwas schwach, stark oder ungleichmäßig; etwas glanzlose Deckfarbe, leichter Rostanflug, etwas hellere Krallenfarbe, Farbzonen in der Unterfarbe, Unterfarbe ist leicht durchsetzt oder zum Haarboden hin aufgehellt.

Schwere Fehler: Silberung fehlt oder ist zu flockig, weiße Flecken an Ohrenrändern oder in Deckfarbe, starker Rostanflug, falsche Augen- und Krallenfarbe; Unterfarbe stark durchsetzt, weiße Unterfarbe am Haarboden.

Besonderheiten der Häsin: Bei älteren Tieren kleine, gut geformte Wamme erlaubt.

Fleisch   80×60×60   8–10   ★(★)

Deutsche Großsilber, gelb
Mittelgroße Rasse

Rassegeschichte: Anfang 1970 in Marktredwitz aus gelben Kleinsilbern, Roten Neuseeländern und Hellen Großsilbern erzüchtet.

Gewicht: Mindestens 3,25 kg; Normal über 4,25 kg; Höchstgewicht 5,25 kg.

Körperbau, Kopf und Ohren: Gestreckter als Helle Großsilber, Kopf und Ohren kräftig, mittelhohe Stellung. Braune Augen, hornfarbige Krallen.

Fellmerkmale: Mittellang, gut behaarte Ohren, gute Unterwolle. Silberung durch gleichmäßig verteilte, silberweiße und kurz gespitzte Deckhaare; mittlere Silberung bevorzugt. Sattgelbe Deckfarbe, weiße bis cremefarbige Bauchdeckfarbe, Blumenunterseite und Innenseiten der Vorder- und Hinterläufe; gelbe Unterfarbe bis zum Haarboden.

Leichte Fehler: Silberung etwas schwach, stark oder ungleichmäßig; etwas glanzlose Deckfarbe, leichter Rostanflug, etwas dunkler Anflug am Ohrenrand, etwas hellere Krallen, Farbzonen in der Unterfarbe, Unterfarbe ist leicht durchsetzte oder aufgehellt.

Schwere Fehler: Silberung fehlt (außer im Bereich der Wildfarbigkeitsabzeichen) oder ist zu flockig, weiße Flecken an Ohrenrändern oder in Deckfarbe, schwarzer Ohrenrand, starker Rostanflug, falsche Augen- und Krallenfarbe; Unterfarbe stark durchsetzt, weiße Unterfarbe.

Besonderheiten der Häsin: Bei älteren Tieren kleine, gut geformte Wamme erlaubt.

 Fleisch
 80×60×60
 8–10
 ★

Deutsche Großsilber, graubraun
Mittelgroße Rasse

Rassegeschichte: Seit 1936 bekannt, wegen geringer Verbreitung aus Standard genommen. Seit 1994 erneut anerkannt.

Gewicht: Mindestens 3,25 kg; Normal über 4,25 kg; Höchstgewicht 5,25 kg.

Körperbau, Kopf und Ohren: Etwas gestreckt, Kopf und Ohren kräftig, mittelhohe Stellung. Braune Augen, dunkelhornfarbige Krallen.

Fellmerkmale: Mittellang. Graubraun-wildfarbige Deckfarbe, schwarze Ohrenränder, weiß und schwarz gespitzte Grannenhaare. Weiße Bauchdeckfarbe, Blumenunterseite und Laufinnenseiten; rotbraune Zwischenfarbe, darüber dunkler Streifen; dunkelblaue Unterfarbe.

Leichte Fehler: Silberung etwas schwach, stark oder ungleichmäßig; etwas glanzlose Deckfarbe; Kopf, Ohren, Brust, Vorderläufe oder Blumenoberseite etwas heller oder dunkler; leichter Rost, schmaler Ohrenrand, etwas abweichende Bauchdeckfarbe, etwas hellere Krallen, schwache Zwischenfarbe; Unterfarbe leicht durchsetzt, aufgehellt oder fehlt (Afterbereich und Hinterlauf-Innenseiten).

Schwere Fehler: Silberung fehlt oder zu flockig, weiße Flecken, starker Rost, falsche Augen- und Krallenfarbe, Bauchdeckfarbe, Blumenunterseite oder Laufinnenseiten; Zwischen- oder Bauchunterfarbe fehlt, stark durchsetzte oder weiße Unterfarbe.

Besonderheiten der Häsin: Bei älteren Tieren kleine, gut geformte Wamme erlaubt.

Fleisch   80×60×60   8–10   ✶

Deutsche Großsilber, havanna
Mittelgroße Rasse

Rassegeschichte: Seit 1936 in Deutschland bekannt, aber mangels Verbreitung aus dem Standard genommen; seit 1980 erneut anerkannt.

Gewicht: Mindestens 3,25 kg; Normal über 4,25 kg; Höchstgewicht 5,25 kg.

Körperbau, Kopf und Ohren: Gestreckter als Helle Großsilber, Kopf und Ohren kräftig, starke Läufe, mittelhohe Stellung. Braune Augen, dunkelhornfarbige Krallen.

Fellmerkmale: Mittellang (kürzer als bei Hellen Großsilbern), gut behaarte Ohren, gute Unterwolle, gleichmäßig abgegrenzte Begrannung. Silberung durch gleichmäßig verteilte, silberweiße und kurz gespitzte Deckhaare (erscheint als reifartiger Überzug); mittlere Silberung ist vorzuziehen. Satt havannabraune, glänzende Deckfarbe; mattere Bauchdeckfarbe, blaue Unterfarbe, reicht bis zum Haarboden.

Leichte Fehler: Silberung etwas schwach, stark oder ungleichmäßig; etwas glanzlose Deckfarbe, leichte Farbabweichungen, leichter Rostanflug, etwas hellere Krallen; Farbzonen in der Unterfarbe; Unterfarbe ist leicht durchsetzt oder zum Haarboden hin aufgehellt.

Schwere Fehler: Silberung fehlt oder ist zu flockig, weiße Flecken an Ohrenrändern oder in Deckfarbe, starker Rostanflug, falsche Augen- und Krallenfarbe; Unterfarbe stark durchsetzt, weiße Unterfarbe am Haarboden.

Besonderheiten der Häsin: Bei älteren Tieren kleine, gut geformte Wamme erlaubt.

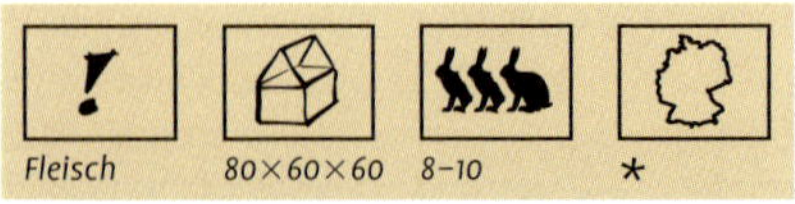

Fleisch   80×60×60   8–10   ★

Deutsche Großsilber, schwarz
Mittelgroße Rasse

Rassegeschichte: Zu Beginn des 20. Jahrhunderts in Detmold aus schwarzen Kleinsilbern und eisengrauen Belgischen Riesen erzüchtet. Früherer Name „Germania-Silber".

Gewicht: Mindestens 3,25 kg; Normal über 4,25 kg; Höchstgewicht 5,25 kg.

Körperbau, Kopf und Ohren: Gestreckter als Helle Großsilber, Kopf- und Ohrenpartie kräftig, starke Läufe, mittelhohe Stellung. Dunkelbraune Augen, dunkelhornfarbige Krallen.

Fellmerkmale: Mittellang (kürzer als bei Hellen Großsilbern), gute Unterwolle, gut behaarte Ohren. Silberung durch gleichmäßig verteilte, silberweiße und kurz gespitzte Deckhaare (erscheint als reifartiger Überzug); mittlere Silberung ist vorzuziehen. Schwarze Deckfarbe, mattere Bauchdeckfarbe, dunkelblaue Unterfarbe bis zum Haarboden.

Leichte Fehler: Silberung etwas schwach, stark oder ungleichmäßig; etwas glanzlose Deckfarbe, leichte Farbabweichungen, leichter Rostanflug, etwas hellere Krallenfarbe; Farbzonen in der Unterfarbe; Unterfarbe ist leicht durchsetzt oder zum Haarboden hin aufgehellt.

Schwere Fehler: Silberung fehlt oder ist zu flockig, weiße Flecken an Ohrenrändern oder in Deckfarbe, starker Rostanflug, falsche Augen- und Krallenfarbe; Unterfarbe stark durchsetzt, weiße Unterfarbe am Haarboden.

Besonderheiten der Häsin: Bei älteren Tieren kleine, gut geformte Wamme erlaubt.

Fleisch   80×60×60   8–10   ★★★

Grau

Deutsche Kleinwidder
Kleine Rasse

Rassegeschichte: 1954 im Saarland erzüchtet; 1973 anerkannt.

Farbenschläge: Alle Grauen, Schwarz, Blau, Blaugrau, Rot, Gelb, Chinchilla-, Havanna-, Feh-, Thüringer-, Rhönfarbig (plus Scheckung), Weiß, Rot- und Blauaugen.

Gewicht: Mindestens 2,25 kg; Normal über 3,0 kg; Höchstgewicht 3,5 kg.

Körperbau, Kopf und Ohren: Gedrungen, typischer Widderkopf, breite Stirn- und Schnauzpartie, Behang 30–36 cm.

Fellmerkmale: Mittellang. Anforderungen und Mängel der jeweiligen Rassen.

Zeichnung: Mantelzeichnung; Kopf und Behang überwiegend farbig, weißer Stirnfleck; Kinnbackeneinfassung, Unterlippe, Brust, Blumenunterseite und Läufe weiß; Bauch überwiegend weiß, Unterfarbe im Mantel gefordert.

Leichte Fehler: Wenig Kopf, schlecht getrage-ne Ohren. Gescheckte: Teils gefärbte Unterlippe; Stirnfleck fehlt, ungleichmäßiger, leicht durchsetzter Mantel; weiße Flecken an Kopf, Krone oder Behang; Farbflecken auf der Brust.

Schwere Fehler: Stark abweichender Kopf, Aufrechttragen eines oder beider Ohren, weniger als 30 und mehr als 36 cm Länge. Gescheckte: Einfarbiger Kopf, gefärbte Unterlippe, viel Weiß am Kopf, unvollständiger, stark durchsetzter Mantel; falsche Augen- oder Krallenfarbe.

Besonderheiten der Häsin: Feiner gebaut. Bei älteren Tieren kleine, gut geformte Wamme erlaubt.

60×60×50   6   ★★★★★

Blau

Thüringerfarbig

Rhönfarbig

Grau-Weiß

Schwarz-Weiß

Weiß, Rotaugen

Grau

Deutsche Riesen, grau bzw. andersfarbig
Große Rasse

Rassegeschichte: Stammt aus Belgien (Gent). Ursprünglicher Name: „Flandrischer Riese", später „Belgischer Riese". 1890 erstmals in Deutschland, erneute Namensänderung in „Deutscher Riese".

Farbenschläge: Alle Grauen (braune Augen, dunkle Krallen), Schwarz, Blau, Blaugrau, Chinchillafarbig, Gelb (Augen- und Krallenfarbe siehe Ursprungsrasse).

Gewicht: Mindestens 5,5 kg; Normal über 7,0 kg; kein Höchstgewicht.

Körperbau, Kopf und Ohren: Körperlänge ca. 72 cm, Knochen und Muskeln stark ausgeprägt, kräftige, parallel gestellte Hinterläufe; freie Stellung auf geraden, breit gestellten Vorderläufen; lange, eng am Körper getragene Blume; großer Kopf, sehr kräftige, gut getragene Ohren; ca. 19–20 cm lang.

Fellmerkmale: Sehr dicht, ca. 4 cm lang. Für Deck-, Zwischen- und Unterfarbe gelten Maßgaben für die grauen Farbenschläge bzw. die Ursprungsrassen.

Leichte Fehler: Leichte Abweichungen von der Körperlänge, tiefe Stellung; Kopf und Ohren nicht entsprechend ausgeprägt. Deck-, Zwischen- und Unterfarbe: Siehe leichte Fehler der grauen Farbenschläge bzw. Ursprungsrassen.

Schwere Fehler: Unter 66 cm Körperlänge, unter 17 cm Ohrenlänge, falsche Augen- oder Krallenfarbe. Deck-, Zwischen- und Unterfarbe: Siehe schwere Fehler der grauen Farbenschläge bzw. Ursprungsrassen.

Besonderheiten der Häsin: Nicht zu große, gut geformte Wamme erlaubt.

Fleisch

100×80×70

8–10

★★★(★)

Deutsche Riesen, weiß
Große Rasse

Rassegeschichte: Traten in Deutschland bei Paarungen zwischen Grauen Riesen, Landkaninchen bzw. Deutschen Riesenschecken auf. Ab 1904 wurden die weißen Tiere rein weitergezüchtet.

Gewicht: Mindestens 5,0 kg; Normal über 6,5 kg; kein Höchstgewicht.

Körperbau, Kopf und Ohren: Körperlänge ca. 72 cm, Knochenbau und Muskeln stark ausgeprägt, Körper von vorn bis hinten gleich breit. Freie Stellung auf geraden, breit gestellten Vorderläufen. Kräftige, parallel gestellte Hinterläufe; lange, eng am Körper getragene Blume; großer Kopf, starke Backen, harmonisch zum Körper; sehr kräftige, gut getragene Ohren; ca. 18–19 cm lang. Rot durchleuchtende Augen, weiße Krallen.

Fellmerkmale: Ca. 4 cm lang, sehr dicht, gut behaarte Ohren. Glänzende, weiße Deckfarbe; weiße Unterfarbe.

Leichte Fehler: Leichte Abweichungen von der Körperlänge, tiefe Stellung, Kopfbildung nicht entsprechend ausgeprägt, nicht der Körpergröße entsprechende Ohren; Farbabweichungen am Körper, leicht gelblicher oder grauer Anflug, schwacher Glanz.

Schwere Fehler: Stark abweichende Kopf- und Ohrenbildung, unter 66 cm Körperlänge, unter 16 cm Ohrenlänge, abweichende Tragweise der Ohren, stark gelblicher oder grauer Anflug in der Deckfarbe, fehlender Glanz, falsche Augen- oder Krallenfarbe.

Besonderheiten der Häsin: Nicht zu große, gut geformte Wamme erlaubt.

Fleisch   100×80×70   8–10   ★★★

Schwarz-Weiß

Deutsche Riesenschecken
Große Rasse

Rassegeschichte: Französische Tiere mit Schmetterlingszeichnung kamen um 1880 nach Deutschland. 1907 anerkannt.

Farbenschläge: Schwarz-Weiß, Havannafarbig-Weiß (braune Augen); Blau-Weiß (blaugraue Augen), weiße Krallen.

Gewicht: Mindestens 5,0 kg; Normal über 6,0 kg; kein Höchstgewicht.

Körperbau, Kopf und Ohren: Körperlänge ca. 68 cm, halbhohe Stellung, Ohrenlänge ca. 17–18 cm.

Fellmerkmale: Mittellang. Weiße Grundfarbe.

Zeichnung: Schmetterling, Unterkiefer beidseitig eingefasst, Augenringe, Backenpunkte, Ohrenzeichnung, Aalstrich, 6–8 Seitenflecken.

Leichte Fehler: Leichte Typabweichung, gezackter Schmetterling, fleischfarbener Lippenspalt; Unterkiefereinfassung fehlt einseitig, Augenringe oder Aalstrich ungleichmäßig, Ohren- und Kopfzeichnung unrein, leicht anhängende Seitenzeichnung.

Schwere Fehler: Unter 64 cm Körperlänge, unter 15 cm Ohrenlänge, unvollständiger Schmetterling; Dorn oder Unterkiefereinfassung fehlt, Nase oder Lippenspalt weiß, anhängende Backenpunkte, Augenringe oder Seitenzeichnung; Augenring oder Aalstrich unterbrochen, Sattel- oder Mantelzeichnung, weniger als 3 Seitenpunkte, stark weiße Durchsetzung, zweierlei Zeichnungsfarben, falsche Augen- oder Krallenfarbe.

Besonderheiten der Häsin: Nicht zu große, gut geformte Wamme erlaubt.

Fleisch	100×80×70	8–10	★★★

Grau

Deutsche Widder
Große Rasse

Rassegeschichte: Seit Anfang 1800 in England und Frankreich bekannt. 1869 in Deutschland, seit 1933 unter obigem Namen.

Farbenschläge: Alle Grauen, Schwarz, Blau, Blaugrau, Rot, Gelb, Chinchilla-, Havanna-, Feh-, Thüringerfarbig (plus Scheckung), Weiß, Rot- und Blauaugen.

Gewicht: Mindestens 4,5 kg; Normal über 5,5 kg; kein Höchstgewicht.

Körperbau, Kopf und Ohren: Gedrungen, breite Stirn- und Schnauzpartie; Augen nicht tief liegend, Behang 38–45 cm.

Fellmerkmale: Ca. 4 cm, sehr dichte Unterwolle. Anforderungen der jeweiligen Rassen.

Zeichnung: Mantelzeichnung; Kopf überwiegend farbig. Stirnfleck, Kinnbackeneinfassung, Unterlippe, Brust, Blumenunterseite und Läufe weiß. Bauch überwiegend weiß, Unterfarbe im Mantel.

Leichte Fehler: Wenig Kopf, schlecht getragene Ohren. Gescheckte: Teils gefärbte Unterlippe; Stirnfleck fehlt, ungleichmäßiger, leicht durchsetzter Mantel; weiße Flecken an Kopf, Krone oder Behang; Farbflecken auf der Brust.

Schwere Fehler: Stark abweichender Kopf, Aufrechttragen des Behanges, weniger als 38 und mehr als 45 cm Länge. Gescheckte: Einfarbiger Kopf, gefärbte Unterlippe, viel Weiß am Kopf, unvollständiger, stark durchsetzter Mantel; falsche Augen- oder Krallenfarbe.

Besonderheiten der Häsin: Körperbau etwas feiner. Nicht zu große, gut geformte Wamme erlaubt.

Fleisch   100×80×70   8–10   ★★★★

Schwarz

Blau

Thüringerfarbig

Grau-Weiß

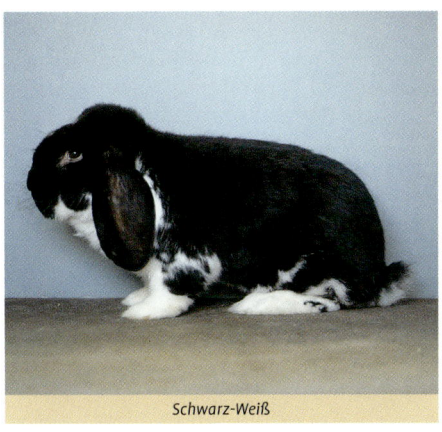

Schwarz-Weiß

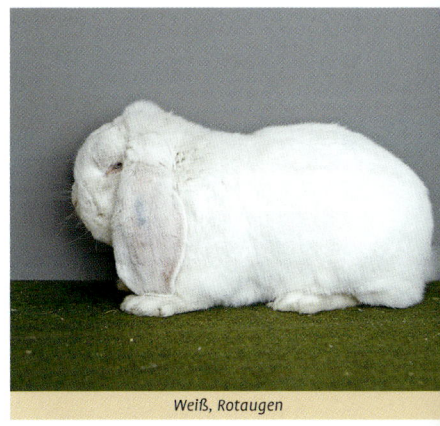

Weiß, Rotaugen

Dreifarben-Schecken-Rexe
Kurzhaarrasse

Rassegeschichte: Siehe Castor-Rexe.
Gewicht: Mindestens 2,5 kg; Normal über 3,5 kg; Höchstgewicht 4,5 kg.
Körperbau, Kopf und Ohren: Leicht gestreckt, etwas länglicher Kopf, kräftige Ohren. Braune Augen, weiße Krallen.
Fellmerkmale: Sehr dicht, auf dem Rücken 17–20 mm, keine Locken- oder Wirbelbildung. Kleiner Nackenkeil, gut behaarte Ohren; Grannenspitzen überragen Wollflaum max. 1 mm. Weiße Grund- und Unterfarbe.
Zeichnung: Schmetterling, beidseitig eingefasster Unterkiefer, Augenringe, Backenpunkte, Ohrenzeichnung, Aalstrich, 6–8 Seitenflecken, Zeichnung in Schwarz und Gelb (einfarbige Backenpunkte erlaubt).
Leichte Fehler: Leichte Abweichungen vom Rextyp; Kopf und Ohren nicht entsprechend ausgeprägt, leichte Locken- oder Wirbelbildung, leicht überstehende Granne, wenig Unterwolle, etwas dünnes Fell, schwache Fellstruktur, wenig behaarte Ohren, wenig Spürhaare, Zusammenhängen von Augenringen mit Backenpunkten oder Ohrenzeichnung. Leichte Zeichnungs- und Farbfehler siehe Rheinische Schecken.
Schwere Fehler: Stark abweichende Rumpf-, Kopf- und Ohrenbildung; zu kurzes oder zu langes Haar, sehr lange Begrannung, starke Locken- oder Wirbelbildung, nicht überdeckbare Kahlstellen, fehlende Spürhaare. Schwere Zeichnungs- und Farbfehler siehe Rheinische Schecken.
Besonderheiten der Häsin: Zierlicher gebaut. Kleine, gut geformte Wamme erlaubt.

 Fell   80×60×60   8   ★

Schwarz-Weiß

Englische Schecken
Kleine Rasse

Rassegeschichte: 1885 in England gezeigt; 1900 Export nach Deutschland.

Farbenschläge: Schwarz-Weiß, Thüringerfarbig-Weiß, Dreifarbig (braune Augen); Blau-Weiß (blaugraue Augen), weiße Krallen.

Gewicht: Mindestens 2,0 kg; Normal über 2,5 kg; Höchstgewicht 3,25 kg.

Körperbau, Kopf und Ohren: Leicht gestreckt.

Fellmerkmale: Knapp mittellang. Weiße Grundfarbe.

Zeichnung: Schmetterling, beidseitige Unterkiefereinfassung, Augenringe, Backenpunkte, Ohrenzeichnung, Aalstrich, Kettenzeichnung, Seitenflecken.

Leichte Fehler: Schmetterling gezackt, Unterkiefereinfassung fehlt einseitig. Augenringe, Ohrenansatz, Aalstrich oder Ketten ungleichmäßig; etwas anhängende Seitenzeichnung, fleischfarbener Lippenspalt, leicht durchsetzt; Flecken in Seitenzeichnung oder Augenringen. Dreifarbig: Eine Farbe überwiegt.

Schwere Fehler: Schmetterling oder Zeichnung unvollständig, Unterkiefereinfassung fehlt; Augenringe oder Aalstrich unterbrochen, anhängende Augenringe, Backenpunkte oder Seitenzeichnung; weniger als 3 Kettenpunkte/Seite, stark durchsetzt; Nasenspitze oder Lippenspalt weiß, falsche Augen-, Krallen- oder Zeichnungsfarbe. Zweifarbig: 2 Zeichnungsfarben. Dreifarbig: Nur eine Zeichnungsfarbe (außer Backenpunkte).

Besonderheiten der Häsin: Feiner gebaut, wammenfrei.

Fell	60×60×50	6	***(*)

Thüringerfarbig

Englische Widder
Mittelgroße Rasse

Rassegeschichte: Anfang des 19. Jahrhunderts in England erzüchtet, wobei Ohrenlänge und -breite auf immer höhere Maße gesteigert wurden. 1880 erstmals in Deutschland.

Farbenschläge: Wie beim Deutschen Widder.

Gewicht: Mindestens 3,25 kg; Normal über 4,25 kg; Höchstgewicht 5,25 kg.

Körperbau, Kopf und Ohren: Schlank, feingliedrig, länglicher Kopf, gebogener Nasenrücken, schlaff herabhängende, mit der Schallöffnung nach vorn getragene Ohren; 54–60 cm Behanglänge, 11–14 cm Behangbreite.

Fellmerkmale: Kürzer und feiner als beim Deutschen Widder.

Zeichnung: Bezüglich Farbe und Zeichnung gelten die Anforderungen wie beim Deutschen Widder.

Leichte Fehler: Etwas blockige Körperform, schwach bemuskelte Vorderhand, geringe Knotenbildung, kleine Riss- oder Bisswunden an den Ohren, Behanglänge von 54–59 cm, Behangbreite von 11–13,5 cm. Leichte Abweichungen von der Deck-, Zwischen- und Unterfarbe: Siehe Deutsche Widder.

Schwere Fehler: Stark gedrungene Körperform, stark zerrissene oder verknorpelt Ohren, nach einer Seite getragener Behang; Behanglänge unter 54 und über 60 cm, Behangbreite unter 11 und über 14 cm. Schwere Abweichungen von der Deck-, Zwischen- und Unterfarbe: Siehe Deutsche Widder.

Besonderheiten der Häsin: Kleine, gut geformte Wamme erlaubt.

80×60×60   6–8   ★

Meine Adresse:

Vorname/Name

Straße/Nr.

PLZ/Ort

Tel.-Nr. (für Rückfragen)

Diese Karte habe ich entnommen aus:

Das Buch hat mir gefallen ☐ ja ☐ nein,

weil:

Antwort

Verlag Eugen Ulmer
Kundenservice
Postfach 70 05 61
70574 Stuttgart

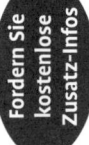
Fordern Sie kostenlose Zusatz-Infos

Noch mehr Wissen über

Heimtiere & Garten

(Gewünschtes bitte ankreuzen)

Schicken Sie mir bitte kostenlos informative Buchprospekte über:

☐ Haustiere

☐ Vögel

☐ Aquaristik/Terraristik

☐ Pflanzen & Gärten

Schicken Sie mir bitte kostenlos Ihren aktuellen E-Mail-Newsletter:

☐ Tiere

☐ Aquaristik/Terraristik

☐ Garten

E-Mail-Adresse

Ulmer

www.ulmer.de

Grau

Farbenzwerge
Zwergrasse

Rassegeschichte: 1940 in Holland aus Hermelin, Rotaugen, und Wildkaninchen erzüchtet.

Gewicht: Mindestens 1,0 kg; Normal über 1,1–1,35 kg; Höchstgewicht 1,5 kg.

Farbenschläge: Alle Grauen, Schwarz, Blau, Rot, Havanna-, Feh-, Separator-, Chinchilla-, Deilenaar-, Lux-, Perlfeh-, Silber-, Thüringer-, Marder-, Siamesen-, Weißgrannen-, Hotot-, Rhön-, Loh-, Russen-, Holländer- und Japanerfarbig.

Körperbau, Kopf und Ohren: Walzenförmig, relativ großer Kopf, breite Stirn- (in Augenhöhe: Rammler ca. 5,5 cm, Häsin ca. 5 cm) und Schnauzpartie, große, leicht hervortretende Augen; ideale Ohrenlänge ca. 5,5 cm.

Fellmerkmale: Kurz, dicht. Anforderungen und Mängel der jeweiligen Rassen.

Leichte Fehler: Leichte Typabweichungen, nicht entsprechend ausgeprägter Kopf, tief liegende Augen, Ohrenlänge über 6 cm bis zur Höchstlänge von 7 cm. Abzüge je nach Grad von Abweichung und Erscheinungsbild (für jeden 1/2 cm ein Punkt). Leicht gelblicher oder grauer Anflug, schwacher Glanz.

Schwere Fehler: Stark vom Typ abweichender Rumpf, Wammenansatz, geschlechtsuntypischer Kopf, Ohrenlänge unter 4,5 cm oder über 7 cm, stark gelblicher oder grauer Anflug; Glanz fehlt, falsche Augen- oder Krallenfarbe.

Besonderheiten der Häsin: Körper weicht kaum von dem des Rammlers ab; wammenfrei.

60×50×50   4   ★★★★★

Blau

Rot

Havannafarbig

Thüringerfarbig

Weißgrannenfarbig Schwarz

Lohfarbig Schwarz

Feh-Rexe
Kurzhaarrasse

Rassegeschichte: Siehe Castor-Rexe.

Gewicht: Mindestens 2,375 kg; Normal über 3,0 kg; Höchstgewicht 4,0 kg.

Körperbau, Kopf und Ohren: Leicht gestreckt, etwas länglicher Kopf, stabile Ohren, mittelhohe Stellung. Blaugraue Augen, hornfarbige Krallen.

Fellmerkmale: Sehr dicht, auf dem Rücken 17–20 mm, keine Locken. Licht blaue Deckfarbe mit bräunlichem Schimmer, etwas mattere Bauchfarbe, etwas hellere Unterfarbe, kann am Bauch in lichtes Blaugrau übergehen.

Leichte Fehler: Leichte Abweichungen von Rextyp, Kopf und Ohren; leichte Locken- oder Wirbelbildung, leicht überstehende Granne, wenig Spürhaare oder Unterwolle, etwas dünnes Fell, wenig behaarte Ohren, etwas helle, dunkle oder leicht durchsetzte Deckfarbe; reifartiger Anflug, schwacher Schleier, geringe Farbabweichungen an den einzelnen Körperpartien; helle, dunkle oder leicht durchsetzte Unterfarbe; angedeutete Zwischenfarbe.

Schwere Fehler: Rumpf, Kopf und Ohren stark abweichend; falsche Haarlänge, sehr lange Begrannung, starke Locken- oder Wirbelbildung, nicht überdeckbare Kahlstellen; Spürhaare fehlen, silbrig fahle oder zu dunkle Decke; Schleier fehlt, Unterfarbe stark aufgehellt, durchsetzt oder weiß am Haarboden; ausgeprägte Zwischenfarbe, falsche Augen- oder Krallenfarbe.

Besonderheiten der Häsin: Zierlicher gebaut. Kleine, gut geformte Wamme erlaubt.

Fell	80 × 60 × 60	8	★

Havannafarbig

Fuchskaninchen, farbig
Langhaarrasse

Rassegeschichte: 1920 braune Tiere in Deutschland u. a. aus Angora, Chinchilla und Havanna herausgezüchtet. 1925 Schwarz, 1927 Gelb.

Farbenschläge: Schwarz, Chinchillafarbig (dunkelbraune Augen, schwarzbraune Krallen); Blau (blaugraue Augen, dunkle Krallen), Havannafarbig (braune Augen, dunkelhornfarbige Krallen), Fehfarbig (graublaue Augen, dunkle bis hornfarbige Krallen), Gelb (braune Augen, horn- bis dunkelhornfarbige Krallen), Silberfarbig (siehe Ausgangsrassen).

Gewicht: Mindestens 2,5 kg; Normal über 3,0 kg; Höchstgewicht 4,0 kg.

Körperbau, Kopf und Ohren: Gedrungen, kräftiger Kopf, nicht zu lange Ohren.

Fellmerkmale: Dicht, 5–6 cm Länge. Kopf, Ohren und Läufe normal behaart; Deckfarbe an lang behaarten Stellen weniger intensiv, etwas mattere Bauchdeckfarbe, kräftige Unterfarbe.

Leichte Fehler: Unausgeglichene Haarlänge, etwas wolliges Haar; Anlage zur Ohrbüschel- und Behangbildung, leichte Filzbildung; Kopf und Ohren nicht entsprechend ausgeprägt.

Schwere Fehler: Zu dünne Behaarung; Haarlänge unter 4 cm oder mehr als 7 cm, starke Filzbildung, ausgeprägte Ohrbüschel- und Behangbildung; Kopf und Ohren stark abweichend, falsche Augen- oder Krallenfarbe.

Besonderheiten der Häsin: Wammenfrei. Bei älteren Tieren kleine, gut geformte Wamme erlaubt.

Fell	80×60×60	6–8	✳

Fuchskaninchen, weiß
Langhaarrasse

Rassegeschichte: 1929 in Coburg erzüchtet.
Gewicht: Mindestens 2,5 kg; Normal über 3,0 kg; Höchstgewicht 4,0 kg.
Körperbau, Kopf und Ohren: Gedrungen, gut bemuskelt, breite Brust und Hinterpartie, mittelstarke Läufe; kurze, eng anliegende Blume; kurzer, dicht angesetzter Kopf; breite Stirn- und Schnauzpartie, nicht zu lange, gut behaarte Ohren. Rot durchleuchtende oder blaue Augen, weiße Krallen.
Fellmerkmale: Dicht, voll behaart, gleichmäßige Haarlänge (5–6 cm), kräftige Begrannung; Kopf, Ohren und Läufe sind normal behaart. Weiße Deck- und Unterfarbe, erstreckt sich ohne jede Abweichung gleichmäßig über den ganzen Körper, einschließlich Kopf, Ohren, Läufe und Bauchseite.
Leichte Fehler: Unausgeglichene Haarlänge, etwas wolliges Haar, etwas wenig Dichte, Anlage zur Ohrbüschel- und Behangbildung, leichte Filzbildung, Kopf und Ohren nicht entsprechend ausgeprägt, Farbabweichungen am Körper, leicht gelber oder grauer Anflug, schwacher Glanz.
Schwere Fehler: Zu dünne Behaarung, Haarlänge unter 4 cm oder mehr als 7 cm, starke Filzbildung, ausgeprägte Ohrbüschel- oder Behangbildung, stark abweichende Kopf- und Ohrenbildung, stark gelblicher oder grauer Anflug in der Deckfarbe, gänzlich fehlender Glanz, falsche Augen- oder Krallenfarbe.
Besonderheiten der Häsin: Wammenfrei. Bei älteren Tieren kleine, gut geformte Wamme erlaubt.

Fell 80×60×60 6–8 *

Gelb-Rexe
Kurzhaarrasse

Rassegeschichte: Siehe Castor-Rexe.

Gewicht: Mindestens 2,5 kg; Normal über 3,5 kg; Höchstgewicht 4,5 kg.

Körperbau, Kopf und Ohren: Leicht gestreckt, etwas länglicher Kopf, stabile Ohren, mittelhohe Stellung. Braune Augen, hornfarbige Krallen.

Fellmerkmale: Sehr dicht, auf dem Rücken 17–20 mm, keine Locken- oder Wirbelbildung, kleiner Nackenkeil. Gelbrote, gleichmäßige Deckfarbe; cremefarbige Augen- und Kinnbackeneinfassung, Schenkelinnenseiten und Bauchdecke; weiße bis cremefarbige Blumenunterseite, cremefarbige bis rötliche Unterfarbe.

Leichte Fehler: Kopf und Ohren nicht entsprechend ausgeprägt, etwas fleckige Deckfarbe, etwas heller oder dunkler Anflug an Ohrenrändern, Brust, Seiten oder Läufen; Bindenansätze, etwas helle oder durchsetzte Deck-

und Unterfarbe, angedeutete Zwischenfarbe. Fehler zu Körperbau und Fell siehe Blau-Rexe.

Schwere Fehler: Kopf und Ohren stark abweichend, zu helle oder schwarz durchsetzte Decke, schwarze Ohrenränder, weiße Flecken in der Decke, helle Brust und Läufe, weiße Binden, weiße Augen- und Kinnbackeneinfassung, falsche Augen- oder Krallenfarbe, sehr unreine oder weiße Unterfarbe, ausgeprägte Zwischenfarbe, weiße Bauchdeckfarbe. Fehler zu Körperbau und Fell siehe Blau-Rexe.

Besonderheiten der Häsin: Zierlicher gebaut. Kleine, gut geformte Wamme erlaubt.

Fell | 80×60×60 | 8 | ★★

Graue Wiener
Mittelgroße Rasse

Rassegeschichte: 1893 als „Deutsches Kaninchen" in Standard aufgenommen. Ab 1920 Blaue Wiener eingekreuzt; 1936 unter obigem Namen anerkannt.

Farbenschläge: Hasen-, Wild-, Dunkelgrau. Braune Augen, dunkle Krallen.

Gewicht: Mindestens 3,0 kg; Normal über 4,0 kg; Höchstgewicht 5,0 kg.

Körperbau, Kopf und Ohren: Walzenförmig, Kopf und Ohren kräftig, knapp mittelhohe Stellung.

Fellmerkmale: Schattierte Deckfarbe, durch schwarzen Streifen abgegrenzt; gesprenkelte Blumenoberseite, schwarze Ohrenränder, Genickkeil. Rostbraun-rote Zwischenfarbe (bei Dunkelgrau bräunlich), dunkelblaugraue Unterfarbe.

Leichte Fehler: Kopf und Ohren nicht entsprechend, Ohrenrand oder Deckfarbe leicht durchsetzt, vermischte Farben, hellere Seiten,

schwach schattierte Decke oder Blumenoberseite (außer Dunkelgrau), Bindenansätze, schmale oder breite Zwischenfarbe, aufgehellte Augen-, Krallen- oder Unterfarbe.

Schwere Fehler: Kopf und Ohren stark abweichend, schwarzer Kopf (bei Dunkelgrau), Genickkeil fehlt, stark weiß durchsetzte Deck-, Unterfarbe oder Ohrenränder, schwarze Blumenoberseite (außer Dunkelgrau), weiße Binden, falsche Augen- oder Krallenfarbe; Zwischen- oder Bauchunterfarbe fehlt.

Besonderheiten der Häsin: Etwas schnittiger, möglichst wammenfrei. Ältere Tiere: Kleine, gut geformte Wamme erlaubt.

Fleisch 80×60×60 6–8 ****

54

Großchinchilla
Mittelgroße Rasse

Rassegeschichte: In Frankreich durch Mutation entstanden; kamen 1920 nach Deutschland.

Gewicht: Mindestens 3,5 kg; Normal über 4,5 kg; Höchstgewicht 5,5 kg.

Körperbau, Kopf und Ohren: Leicht gestreckt, Kopf und Ohren kräftig. Dunkelbraune Augen, schwarzbraune Krallen.

Fellmerkmale: Bläuliches Aschgrau, flockig schwarz schattiert. Schwärzlicher Streifen unter der Deckfarbe, grau-weißer Keil, schwarze Ohrenränder und Blumenoberseite (grauweiß gesprenkelt), weiße Blumenunterseite, Bauchdeck- und Zwischenfarbe (scharf abgegrenzt); dunkelblaue Unterfarbe.

Leichte Fehler: Etwas helle Brust, Vorderläufe oder Seiten; Bindenansätze, etwas bräunlicher Anflug an Kopf oder Ohren, großer Keil, Ohrenränder leicht durchsetzt, gleich-

mäßige Schattierung; Zwischenfarbe verschwommen; durchsetzte oder bräunliche Unterfarbe (Bauch), helle Unterfarbe (vordere Bauchgegend).

Schwere Fehler: Deckfarbe stark bräunlich, gelber Keil, helle Brust oder Vorderläufe, Binden, weiße Büschel, Blumenoberseite schwarz, Schattierung völlig gleichmäßig, falsche Augen- oder Krallenfarbe; Zwischen- oder Bauchunterfarbe fehlt, Unterfarbe stark durchsetzt oder aufgehellt.

Besonderheiten der Häsin: Ältere Tiere: Kleine, gut geformte Wamme erlaubt. Bauchunterfarbe muss wenigstens in der Schoßpartie vorhanden sein.

Fell/Fleisch   80×60×60   8–10   ★★★(★)

Große Marder
Mittelgroße Rasse

Rassegeschichte: Ursprüngliche Heimat ist Russland. Um 1925 aus Zufallskreuzungen entstanden. Trug seit 1931 den Namen „Sowjetischer Marder". Nach Grenzöffnung in den deutschen Standard übernommen.

Gewicht: Mindestens 3,0 kg; Normal über 4,0 kg; Höchstgewicht 5,0 kg.

Körperbau, Kopf und Ohren: Leicht gedrungen, dicht angesetzter, kräftiger Kopf; kurze, kräftige Läufe; stabile Ohren. Braune Augen, hornfarbige Krallen.

Fellmerkmale: Mittellang, dichte Unterwolle. Lichtes Braun in heller bis mittlerer Abtönung, an den Seiten und Flanken heller, an Hinterschenkeln und Schultern dunkler. Backen, Brust und Bauch sind hellbraun. Über den Rücken zieht sich ein dunkler, nicht scharf abgegrenzter Streifen (8–10 cm); dunkle Maske (nicht scharf abgegrenzt), Ohren, Läufe, Blume und Augen-

einfassung; bläuliche Unterfarbe, an helleren Körperstellen entsprechend heller.

Leichte Fehler: Etwas dunkle oder fleckige Deckfarbe, leichte Durchsetzung, zweierlei Krallenfarbe, unvollständiger Rückenstreifen, etwas große Maske, schwache Abzeichen, durchsetzte Unterfarbe.

Schwere Fehler: Dunkle Deckfarbe, stark weiß durchsetzt, falsche Augen- oder Krallenfarbe; Kopf und Ohren dunkel, dunkle Abzeichen fehlen, stark unreine oder weiße Unterfarbe.

Besonderheiten der Häsin: Bei älteren Tieren kleine, gut geformte Wamme erlaubt.

80×60×60   8–10   *

Hasenkaninchen, rotbraun
Mittelgroße Rasse

Rassegeschichte: Vor 1800 in Belgien aus flandrischen Riesen gefallen. 1864 Weiterzucht zum Sportkaninchen in England. 1900 erstmals in Deutschland zu sehen.

Gewicht: Mindestens 2,5 kg; Normal über 3,5 kg; Höchstgewicht 4,25 kg.

Körperbau, Kopf und Ohren: Schnittig, hohe Stellung, länglicher Kopf, sichtbarer Hals, sehr bewegliche Ohren. Dunkelbraune Augen, dunkelhornfarbige Krallen.

Fellmerkmale: Knapp mittellang, reichlich begrannt. Rotbraune Deckfarbe, flockige Schattierung; Kinn und Bauchdeckfarbe lohfarbig, cremefarbige Blumenunterseite, schwarze Ohrenränder, rost- bis braunrote Zwischenfarbe, blaue Unterfarbe, am Bauch nur Brust- und Schoßpartie.

Leichte Fehler: Etwas tiefe Stellung; Kopf und Ohren nicht entsprechend, Vorderläufe treten leicht durch, Hinterläufe stehen nicht parallel, Zehen teils versteift, wenig Schattierung; Deck-, Unterfarbe oder Ohrenränder leicht durchsetzt; Kinnbackeneinfassung, Seiten oder Hinterläufe hell; Blumenunterseite weiß, Unterfarbe in Brust- oder Schoßpartie schwach.

Schwere Fehler: Fehlende Stellung; Vorderläufe treten stark durch, starke Kuhhessigkeit, versteifte Zehen; Deckfarbe oder Ohrenränder stark durchsetzt, sehr helle Seiten; Schattierung, Zwischen- oder Unterfarbe (Brust- oder Schoßpartie) fehlt; falsche Augen- oder Krallenfarbe.

Besonderheiten der Häsin: Wammenfrei.

80×60×60

8

***

Hasenkaninchen, weiß, Rotaugen
Mittelgroße Rasse

Rassegeschichte: Hasenkaninchen, rotbraun, und Hvid-Landkaninchen waren die Ausgangsrassen; seit 1994 im Standard anerkannt.

Gewicht: Mindestens 2,5 kg; Normal über 3,5 kg; Höchstgewicht 4,25 kg.

Körperbau, Kopf und Ohren: Lang gestreckt, hochgestellt, lange Blume, lange und feine Vorderläufe, parallel zum Körper verlaufende Hinterläufe, länglicher Kopf, deutlich sichtbarer Hals, sehr bewegliche, feine Ohren. Rot durchleuchtende Augen, weiße Krallen.

Fellmerkmale: Knapp mittellang, reichlich begrannt, gute Unterwolldichte. Weiße Deckfarbe, glänzend, ohne farbliche Abweichung über den gesamten Körper; weiße Unterfarbe.

Leichte Fehler: Etwas plumper Körperbau, etwas tiefe Stellung, etwas kurze oder leicht durchtretende Vorderläufe, nicht parallel zum Körper stehende Hinterläufe, teilweise versteifte Zehen; Kopf und Ohren nicht entsprechend ausgeprägt, Farbabweichungen am Körper, leicht gelblicher oder grauer Anflug, schwacher Glanz.

Schwere Fehler: Fehlende Stellung und Bodenfreiheit, starkes Durchtreten der Vorderläufe, starke Kuhhessigkeit, versteifte Zehen, stark abweichende Kopf- und Ohrenbildung, stark gelblicher oder grauer Anflug in der Deckfarbe, fehlender Glanz, falsche Augen- oder Krallenfarbe.

Besonderheiten der Häsin: Wammenfrei.

80×60×60   8   *

Havanna
Mittelgroße Rasse

Rassegeschichte: 1899 in Holland aus rasselosen braun-weißen Kaninchen erzüchtet.

Gewicht: Mindestens 2,5 kg; Normal über 3,25 kg; Höchstgewicht 4,0 kg.

Körperbau, Kopf und Ohren: Blockig, breite Brust- und Hinterpartie, mittellange, kräftige Läufe; kurzer Kopf, stabile Ohren. Braune Augen (leicht rot durchleuchtend), dunkelhornfarbige Krallen.

Fellmerkmale: Dicht, gleichmäßig fein begrannt, gut behaarte Ohren. Satt dunkelbraune, glänzende Deckfarbe. Die Deckfarbe des gesamten Körpers, einschließlich Kopf und Ohren, ist gleichmäßig getönt, nur die Bauchfarbe ist etwas matter. Blaue Unterfarbe, erstreckt sich bis auf den Haarboden. Je satter, desto besser.

Leichte Fehler: Kopf und Ohren nicht entsprechend ausgeprägt, glanzlose oder leicht abweichende Farbe, leichter grauer Anflug, leichte weiße Durchsetzung, leichter Rostanflug, etwas helle oder durchsetzte Unterfarbe, angedeutete Zwischenfarbe.

Schwere Fehler: Stark abweichende Kopf- und Ohrenbildung, stark grau melierte Deckfarbe, stark weiße Durchsetzung, weiße Flecken in der Deckfarbe, starke Rostbildung, falsche Augen- oder Krallenfarbe, stark durchsetzte Unterfarbe, ausgeprägte Zwischenfarbe, weiße Unterfarbe am Haarboden.

Besonderheiten der Häsin: Feiner gebaut. Bei älteren Tieren kleine, gut geformte Wamme erlaubt.

Fell   80×60×60   6–8   ★★★

Havanna-Rexe
Kurzhaarrasse

Rassegeschichte: Siehe Castor-Rexe.
Gewicht: Mindestens 2,5 kg; Normal über 3,5 kg; Höchstgewicht 4,5 kg.
Körperbau, Kopf und Ohren: Leicht gestreckt, etwas länglicher Kopf, stabile Ohren, mittelhohe Stellung. Braune Augen, dunkelhornfarbige Krallen.
Fellmerkmale: Sehr dicht, auf dem Rücken 17–20 mm lang, keine Locken. Dunkelbraune Deckfarbe, etwas matter am Bauch; blaue Unterfarbe.
Leichte Fehler: Leichte Abweichungen von Rextyp, Kopf und Ohren; leichte Locken, etwas überstehende Granne, wenig Spürhaare oder Unterwolle, etwas dünnes Fell, wenig behaarte Ohren, etwas matte oder leicht durchsetzte Deckfarbe, leichte Farbabweichungen an Ohren, Brust und Läufen; am Boden aufgehellte oder leicht durchsetzte Unterfarbe, grau melierter oder rußiger Anflug auf der Decke, bräunlicher Anflug unter der Decke, angedeutete Zwischenfarbe.
Schwere Fehler: Rumpf, Kopf und Ohren stark abweichend; falsche Haarlänge, sehr lange Begrannung, starke Locken, nicht überdeckbare Kahlstellen; Spürhaare fehlen; zu helle, zu dunkle oder stark durchsetzte Deckfarbe; falsche Augen- oder Krallenfarbe, stark durchsetzte oder am Haarboden weiße Unterfarbe, stark brauner Anflug unter der Decke, ausgeprägte Zwischenfarbe.
Besonderheiten der Häsin: Zierlicher gebaut. Kleine, gut geformte Wamme erlaubt.

Fell   80×60×60   8   *

Helle Großsilber
Mittelgroße Rasse

Rassegeschichte: In Frankreich als Champagne-Silber bis ins 18. Jahrhundert zurückzuverfolgen. 1914 kamen die ersten Tiere nach Deutschland.

Gewicht: Mindestens 3,5 kg; Normal über 4,5 kg; Höchstgewicht 5,5 kg.

Körperbau, Kopf und Ohren: Walzenförmig, muskulöse Schultern, breiter Hals, mittelhohe Stellung, gut ausgeprägter Kopf, sehr stabile Ohren. Braune Augen, schwarzbraune Krallen.

Fellmerkmale: Mittellang, dichte Unterwolle. Helle, kurz gespitzte Deckhaare bedingen die helle bläuliche Silberung; schwarze Grannenhaare ergeben den Stich. Schnauzpartie und Ohren sind etwas dunkler, etwas mattere Bauchdeckfarbe, dunkelblaue Unterfarbe (bei älteren Tieren etwas heller).

Leichte Fehler: Schwache, ungleichmäßige oder etwas dunkle Silberung; wenig Stich, etwas hellere Brust; Kopf, Ohren, Läufe oder Blume etwas dunkel; dunkle Schnauze, leichte Abweichung der Augen- oder Krallenfarbe, etwas durchsetzte oder blasse Unterfarbe.

Schwere Fehler: Fehlen von Silberung oder Stichhaaren; Deckfarbe ohne bläulichen Ton, helle Brust, weiße Flecken, stark weiß durchsetzte Augenbrauen, zu dunkle Deckfarbe, dunkler Kopf, falsche Augen- oder Krallenfarbe, weiße oder stark unreine Unterfarbe.

Besonderheiten der Häsin: Bei älteren Tieren kleine, gut geformte Wamme erlaubt.

Fleisch   80 × 60 × 60   8–10   ★★★★(★)

Hermelin
Zwergrasse

Rassegeschichte: 1884 erstmals in England gezeigt; 1903 Export nach Deutschland. Die Blauaugen wurden während der 1. Weltkriegs in Sachsen erzüchtet.

Gewicht: Mindestens 1,0 kg; Normal über 1,1–1,35 kg; Höchstgewicht 1,5 kg.

Körperbau, Kopf und Ohren: Walzenförmig, kurze Läufe, kleine, eng anliegende Blume; relativ großer, dicht ansitzender Kopf; breite Stirn- (in Augenhöhe: Rammler ca. 5,5 cm, Häsin ca. 5 cm) und Schnauzpartie, große, leicht hervortretende Augen, ideale Ohrenlänge ca. 5,5 cm. Rot durchleuchtende oder blaue Augen, weiße Krallen.

Fellmerkmale: Kurz, dicht, feine und gleichmäßige Begrannung, gut behaarte Ohren. Weiße Deck- und Unterfarbe.

Leichte Fehler: Leichte Typabweichungen, nicht entsprechend ausgeprägter Kopf, tief liegende Augen, schwach behaarte Ohren;

Ohrenlänge über 6 cm bis zur Höchstlänge von 7 cm. Abzüge je nach Grad von Abweichung und Erscheinung (je 1/2 cm 1 Punkt). Leicht gelblicher oder grauer Anflug, schwacher Glanz.

Schwere Fehler: Stark vom Typ abweichender Rumpf; Wammenansatz; geschlechtsuntypischer Kopf, sehr dünne oder zu grobe Ohren; Ohrenlänge unter 4,5 cm oder über 7 cm; stark gelblicher oder grauer Anflug in der Deckfarbe, fehlender Glanz, falsche Augen- oder Krallenfarbe.

Besonderheiten der Häsin: Körper weicht kaum von dem des Rammlers ab; wammenfrei.

60×50×50   4   *****

Schwarz-Weiß

Holländer
Kleine Rasse

Rassegeschichte: Um 1860 in England Zucht auf Basis holländischer Brabanter-Kaninchen.

Farbenschläge: Schwarz-, Blau-, Hasen-, Wild-, Dunkel-, Eisengrau-, Thüringer-, Gelb-, Havanna-, Japaner-, Feh- und Chinchilla-Weiß, weiße Krallen. Farbbewertung siehe betreffende Rassen.

Gewicht: Mindestens 2,0 kg; Normal über 2,5 kg; Höchstgewicht 3,25 kg.

Körperbau, Kopf und Ohren: Gedrungen, kurzer Kopf, stabile Ohren.

Fellmerkmale: Knapp mittellang.

Zeichnung: Kugelförmige Kopfzeichnung. Rumpfzeichnung bedeckt hintere Körperhälfte und Hinterläufe bis zur Mitte. Wildgrau-, Hasengrau- und Chinchilla-Weiß: Ring am Bauch beim Hineinblasen sichtbar. Gelb-Weiß: Ring am Bauch darf unterbrochen sein.

Leichte Fehler: Kopfzeichnung nicht entsprechend, etwas schiefer oder gezackter Ring, ungleichmäßige Manschetten; Zeichnung leicht durchsetzt. Grau- und Chinchilla-Weiß: Bauchunterfarbe schwach. Gelb-Weiß: Leicht grauer Anflug.

Schwere Fehler: Kopfzeichnung völlig abweichend, Ringzeichnung bis in Vorderläufe, schiefer Ring; zu große Zacken, fehlende, zu lange oder zu kurze Manschetten; Weiß im dunklen Feld und umgekehrt, weiße Bauchunterfarbe (außer bei Gelb-Weiß), falsche Augen- oder Krallenfarbe; Augenflecken.

Besonderheiten der Häsin: Feiner gebaut, wammenfrei.

60×60×50   6

★★★★

Jamora, harlekinfarbig
Langhaarrasse

Rassegeschichte: In Deutschland aus Angora, Hermelin und Japanern erzüchtet; 1994 anerkannt.

Gewicht: Mindestens 1,5 kg; Normal über 2,0 kg; Höchstgewicht 2,5 kg.

Körperbau, Kopf und Ohren: Gedrungen, kräftiger Kopf, feste Ohren. Braune Augen; Krallen haben Zehenfarbe.

Fellmerkmale: Mind. 5–6 cm am Körper, am Bauch kürzer; an Kopf, Ohren und Läufen normal lang.

Zeichnung: Kreuzweise geteilte Kopf- und Ohrenzeichnung (Schwarz/Schwarzgeblümt, Gelb/Gelbgeblümt), je Seite mindestens 2 schwarze Felder. Brust- und Vorderlaufzeichnung ist kreuzweise versetzt zur Kopf- und Ohrenzeichnung. An Bauch, Laufinnenseiten, Kinn- und Blumenunterseite weiße Stellen erlaubt.

Leichte Fehler: Etwas dünne Wolle, Anlage zu Ohrbüscheln und Fußbehang, leichter Filz, nicht kreuzweise Kopf- und Ohrenzeichnung, große Farbfelder, gleichmäßige Zeichnung, einfarbige Vorderläufe oder Brust; Haarlänge unter 5 cm.

Schwere Fehler: Zu dünne Behaarung, ausgeprägte Ohrbüschel- und Behangbildung, weniger als 2 Farbfelder je Seite, große Kahlstellen; Haarlänge unter 4 cm, starker Filz, weiße Flecken an oberen Körperteilen, weiße Abzeichen, einfarbiger Kopf mit gleichfarbigen Ohren, falsche Augen- oder Krallenfarbe.

Besonderheiten der Häsin: Körper weicht kaum von dem des Rammlers ab; wammenfrei.

60×60×50   4–5   *

Japaner
Mittelgroße Rasse

Rassegeschichte: 1889 bei der Weltausstellung in Paris erstmals gezeigt.

Gewicht: Mindestens 2,75 kg; Normal über 3,75 kg; Höchstgewicht 4,5 kg.

Körperbau, Kopf und Ohren: Walzenförmig, kräftiger, dicht angesetzter Kopf; feste Ohren, passend zum Körper. Braune Augen, hornfarbige Krallen.

Fellmerkmale: Mittellang, dichte Unterwolle.

Zeichnung: Kreuzweise geteilte Kopf- und Ohrenzeichnung (Schwarz/Schwarzgeblümt, Gelb/Gelbgeblümt). Am Rumpf sind Schwarz und Gelb unregelmäßig verteilt; je Seite mindestens 3 Farbfelder; teilen sich auf der Rückenmitte. Die Zeichnung von Brust und Vorderläufen soll mit der von Kopf und Ohren übereinstimmen (Schwarz und Gelb kreuzweise versetzt). An Bauch, Innenseiten der Läufe und Blumenunterseite sind weiße Flecken erlaubt.

Leichte Fehler: Nicht kreuzweise geteilte Kopf- und Ohrenzeichnung, große Farbfelder (mehr als 1/3 der Körperlänge); Vorderläufe und Brust einfarbig, etwas durchsetzte Farben.

Schwere Fehler: Weiße Flecken an den oberen Körperteilen, weiße Abzeichen an Nase oder Zehen, geblümter Kopf mit beidseitig gleichfarbigen Ohren, falsche Augen- oder Krallenfarbe, durchsetzte Farbfelder am Rumpf, weniger als 3 Farbfelder auf einer Seite.

Besonderheiten der Häsin: Feiner gebaut, möglichst wammenfrei. Bei älteren Tieren kleine, gut geformte Wamme erlaubt.

80×60×60   6–8   **

Schwarz-Weiß

Kalifornier
Mittelgroße Rasse

Rassegeschichte: 1923 in Amerika aus Russen, Chinchilla und Weißen Neuseeländern erzüchtet.

Farbenschläge: Schwarz-Weiß, Blau-Weiß, Havannafarbig-Weiß. Rot durchleuchtende Augen, dunkelhornfarbige Krallen.

Gewicht: Mindestens 3,0 kg; Normal über 4,0 kg; Höchstgewicht 5,0 kg.

Körperbau, Kopf und Ohren: Stark bemuskelt, kräftige Läufe, kurzer, kräftiger Kopf; stabile Ohren.

Fellmerkmale: Mittellang, viel Unterwolle. Grund- und Unterfarbe weiß.

Zeichnung: Ovale Maske bedeckt Nase, reicht bis Oberkiefer, darf auch Unterkiefer einfassen. Ohren, das vorderste Glied der Vorderläufe und Hinterläufe (bis über das Sprunggelenk) sind farbig und scharf abgegrenzt; farbige Blume.

Leichte Fehler: Kopf und Ohren nicht entsprechend ausgebildet, ungleiche Maske, etwas Augenrandanflug, Ohren nicht scharf abgegrenzt, leicht durchsetzte Zeichnungsfarbe, kleiner Farbfleck an Kehle oder Wamme, kurze oder lange Zeichnung der Läufe oder Blume.

Schwere Fehler: Kopf und Ohren stark abweichend, zu große Maske, starke Augenringe, zu kurze Zeichnung der Hinterläufe; Zeichnungsfarbe stark durchsetzt, schwarze Flecken in der Grundfarbe, falsche Augen- oder Krallenfarbe.

Besonderheiten der Häsin: Möglichst wammenfrei. Bei älteren Tieren kleine, gut geformte Wamme erlaubt.

Fleisch   80×60×60   6–8   ★★

Kastanienbraune Lothringer
Kleine Rasse

Rassegeschichte: 2002 in den Standard aufgenommen.

Gewicht: Mindestens 1,5 kg; Normal über 2,0 kg; Höchstgewicht 2,5 kg.

Körperbau, Kopf und Ohren: Leicht gestreckt, kurzer Kopf; Stirn, Backen und Schnauze keilförmig; große, hervortretende Augen; feine Ohren. Dunkelbraune Augen, dunkelhornfarbige Krallen.

Fellmerkmale: Kurz. Kastanienbraune Deckfarbe, schwarze Begrannung, lohfarbige bis strohgelbe Bauchdeckfarbe, schwarze Ohrenränder, gelb- bis braunrote Zwischenfarbe, blaue Unterfarbe.

Leichte Fehler: Kopf etwas kugelig oder spitz, schwach hervortretende Augen, dünne Ohren; Deckfarbe leicht durchsetzt, matte Brust oder Zwischenfarbe, fahle Deckfarbe an Bauch oder Blumenunterseite, flockige Schattierung, aufgehellte Seiten; Ohrenrand leicht durchsetzt, etwas helle Krallen; Unterfarbe etwas unrein oder schwach (Brust- oder Schoßbereich), fehlende oder schwache Unterfarbe im Afterbereich oder an Hinterlaufinnenseite.

Schwere Fehler: Kopf stark kugelig, Häsinnenkopf beim Rammler, Rammlerkopf bei der Häsin; tief liegende Augen, grobe Ohren; Deckfarbe stark abweichend oder weiß (Bauch oder Blumenunterseite), stark durchsetzte oder fehlende Ohrenränder; Zwischen-, Unter- oder Bauchunterfarbe fehlt; falsche Augen- oder Krallenfarbe.

Besonderheiten der Häsin: Wammenfrei, Kopf feiner als beim Rammler.

60×60×50   5–6   *

Kleinchinchilla
Kleine Rasse

Rassegeschichte: 1913 in Frankreich gezeigt; kamen nach 1. Weltkrieg nach Deutschland.
Gewicht: Mindestens 2,25 kg; Normal über 2,75 kg; Höchstgewicht 3,25 kg.
Körperbau, Kopf und Ohren: Gedrungen, dicht angesetzter, kurzer Kopf; mittelstarke Läufe; Ohren stabil. Dunkelbraune Augen, schwarzbraune Krallen.
Fellmerkmale: Bläuliches Aschgrau, flockig schwarz schattiert. Schwärzlicher Streifen unter der Deckfarbe, schwarze Ohrenränder und Blumenoberseite (grauweiß gesprenkelt), kleiner, grau-weißer Nackenkeil; weiße Blumenunterseite, Bauchdeckfarbe und Zwischenfarbe (scharf abgegrenzt); Unterfarbe dunkelblau.
Leichte Fehler: Etwas helle Brust, Vorderläufe oder Seiten; Bindenansätze, etwas bräunlicher Anflug an Kopf oder Ohren, großer Nackenkeil; Ohrenränder leicht durchsetzt,

Schattierung gleichmäßig, Zwischenfarbe verschwommen, Unterfarbe durchsetzt oder bräunlich (Bauch), Unterfarbe hell (vordere Bauchgegend).
Schwere Fehler: Deckfarbe stark bräunlich, gelber Nackenkeil, helle Brust oder Vorderläufe; Binden, weiße Büschel; Blumenoberseite schwarz, Schattierung völlig gleichmäßig, falsche Augen- oder Krallenfarbe; Zwischen- oder Bauchunterfarbe fehlt, Unterfarbe stark durchsetzt oder aufgehellt.
Besonderheiten der Häsin: Wammenfrei. Ältere Tiere: Wammenansatz erlaubt; Bauchunterfarbe muss wenigstens in der Schoßpartie vorhanden sein.

Fell/Fleisch   60×60×50   6   ★★★★

Schwarz-Weiß

Kleinschecken
Kleine Rasse

Rassegeschichte: 1972 in Deutschland aus Englischen Schecken und Deutschen Riesenschecken erzüchtet; 1978 anerkannt.

Farbenschläge: Schwarz-Weiß, Havannafarbig-Weiß (braune Augen); Blau-Weiß (blaugraue Augen), weiße Krallen.

Gewicht: Mindestens 2,25 kg; Normal über 3,0 kg; Höchstgewicht 3,75 kg.

Körperbau, Kopf und Ohren: Gedrungen, kräftiger Kopf, feste Ohren.

Fellmerkmale: Dicht, fein.

Zeichnung: Schmetterling, Unterkiefer beidseitig eingefasst, Augenringe, Backenpunkte, Ohrenzeichnung, Aalstrich, 5–7 Seitenflecken.

Leichte Fehler: Gezackter Schmetterling, fleischfarbener Lippenspalt; Unterkiefereinfassung fehlt einseitig; Augenringe oder Aalstrich ungleichmäßig, Ohrenansätze und Kopf unrein, leicht anhängende Seitenzeich-

nung, leicht durchsetzte Zeichnungsfarbe und Ohrenränder.

Schwere Fehler: Unvollständiger Schmetterling; Nasenspitze oder Lippenspalt weiß, Augenring oder Aalstrich unterbrochen, anhängende Augenringe oder Backenpunkte, stark anhängende Seitenzeichnung; Sattel- oder Mantelzeichnung, weniger als 3 Seitenflecken, Fehlen eines Zeichnungsmerkmales, durchsetzte oder zweierlei Zeichnungsfarben, falsche Augen- oder Krallenfarbe.

Besonderheiten der Häsin: Feiner gebaut, möglichst wammenfrei. Ältere Tiere: Kleine, gut geformte Wamme erlaubt.

60×60×50 6 ★★★

Kleinsilber, blau
Kleine Rasse

Rassegeschichte: In England aus Kleinsilbern, schwarz, und blau-weißen Holländern erzüchtet. Kamen um 1900 nach Deutschland.

Gewicht: Mindestens 2,0 kg; Normal über 2,5 kg; Höchstgewicht 3,25 kg.

Körperbau, Kopf und Ohren: Kurz gedrungen, breite Stirn und Schnauze, Kopf dicht angesetzt, kräftige Ohren. Graublaue Augen, dunkelhornfarbige Krallen.

Fellmerkmale: Ca. 2,5 cm lang, dichte Unterwolle. Gleichmäßige, mittlere Silberung durch kurz gespitzte, silberweiß erscheinende Deckhaare. Schwarze Deckfarbe; etwas matter am Bauch; blaue Unterfarbe bis zum Haarboden.

Leichte Fehler: Etwas schwache, starke oder ungleichmäßige Silberung; etwas lang gespitzte oder flockige Silberung; etwas glanzlose Deckfarbe, leichte Farbabweichungen, leichter Rostanflug, etwas hellere Krallenfarbe, leicht durch einzelne, silberweiß erscheinende Deckhaare durchsetzte oder zum Haarboden aufhellende Unterfarbe; Farbzonen in der Unterfarbe.

Schwere Fehler: Zu stark flockige oder fehlende Silberung an einzelnen Körperteilen, starker Rostanflug, falsche Augen- oder Krallenfarbe, weiße Flecken an den Ohrenrändern oder in der Deckfarbe, stark durch silberweiß erscheinende Deckhaare durchsetzte Unterfarbe; weiße Unterfarbe am Haarboden.

Besonderheiten der Häsin: Feiner gebaut, wammenfrei.

Fleisch   60×60×50   6   ★★★

Kleinsilber, gelb
Kleine Rasse

Rassegeschichte: Um 1900 aus England gekommen; 1908 in Deutschland anerkannt.
Gewicht: Mindestens 2,0 kg; Normal über 2,5 kg; Höchstgewicht 3,25 kg.
Körperbau, Kopf und Ohren: Kurz gedrungen, breite Stirn und Schnauze, Kopf dicht angesetzt, kräftige Ohren. Braune Augen, hornfarbige Krallen.
Fellmerkmale: Ca. 2,5 cm lang, dichte Unterwolle. Gleichmäßige, mittlere Silberung durch kurz gespitzte, silberweiß erscheinende Deckhaare. Sattgelbe Deckfarbe; Bauch, Blumenunterseite und Innenseite der Läufe weiß bis cremefarbig; gelbe Unterfarbe bis zum Haarboden.
Leichte Fehler: Etwas schwache, starke oder ungleichmäßige Silberung; etwas lang gespitzte oder flockige Silberung; etwas glanzlose Deckfarbe, leichte Farbabweichungen, etwas dunkler Anflug am Ohrenrand,

leichter Rostanflug, etwas hellere Krallenfarbe, leicht durchsetzte oder zum Haarboden aufhellende Unterfarbe; Farbzonen in der Unterfarbe.
Schwere Fehler: Zu stark flockige oder fehlende Silberung an einzelnen Körperteilen (Ausnahme: Bereich der Wildfarbigkeitsabzeichen), starker Rostanflug, schwarzer Ohrenrand, falsche Augen- oder Krallenfarbe, weiße Flecken an Ohrenrändern oder in der Deckfarbe, stark durchsetzte Unterfarbe, weiße Unterfarbe am Haarboden.
Besonderheiten der Häsin: Feiner gebaut, wammenfrei.

Fleisch   60×60×50   6   ★★★★

Kleinsilber, graubraun
Kleine Rasse

Rassegeschichte: Um 1900 aus England gekommen.

Gewicht: Mindestens 2,0 kg; Normal über 2,5 kg; Höchstgewicht 3,25 kg.

Körperbau, Kopf und Ohren: Gedrungen, Kopf dicht angesetzt, kräftige Ohren. Braune Augen, dunkelhornfarbige Krallen.

Fellmerkmale: Ca. 2,5 cm lang. Mittlere Silberung durch kurz gespitzte, silberweiß erscheinende Deckhaare. Graubraun-wildfarbige Deckfarbe; Bauch, Blumenunterseite und Laufinnenseiten weiß; schwarze Ohrenränder, rotbraune Zwischenfarbe, darüber dunkler Streifen; dunkelblaue Unterfarbe.

Leichte Fehler: Etwas schwache, starke oder flockige Silberung; Kopf, Ohren, Brust, Vorderläufe oder Blumenoberseite etwas heller oder dunkler; leichter Rostanflug, schmaler Ohrenrand, etwas abweichende Bauchdeckfarbe, etwas hellere Krallenfarbe, schwache Zwischenfarbe, leicht durchsetzte Unterfarbe, schwache oder fehlende Unterfarbe (Afterbereich und Laufinnenseiten).

Schwere Fehler: Zu stark flockige oder fehlende Silberung, starker Rostanflug, stark andersfarbige Bauchdeckfarbe, Blumenunterseite, Laufinnenseiten, Augen oder Krallen; weiße Flecken an Ohrenrand oder in der Deckfarbe, fehlende Zwischen- oder Bauchunterfarbe; Unterfarbe stark durchsetzt oder weiß am Haarboden.

Besonderheiten der Häsin: Feiner gebaut, wammenfrei.

Fleisch	60×60×50	6	★★★

Kleinsilber, havanna
Kleine Rasse

Rassegeschichte: Aus England gekommen; 1936 in Deutschland anerkannt.

Gewicht: Mindestens 2,0 kg; Normal über 2,5 kg; Höchstgewicht 3,25 kg.

Körperbau, Kopf und Ohren: Kurz gedrungen, breite Stirn- und Schnauzpartie, Kopf dicht angesetzt, kräftige Ohren, in der Länge passend zum Körper. Braune Augen, dunkelhornfarbige Krallen.

Fellmerkmale: Ca. 2,5 cm lang, dichte Unterwolle. Gleichmäßige, mittlere Silberung durch kurz gespitzte, silberweiß erscheinende Deckhaare. Havannabraune Deckfarbe, etwas matter am Bauch; blaue Unterfarbe bis zum Haarboden.

Leichte Fehler: Etwas schwache, starke oder ungleichmäßige Silberung; etwas lang gespitzte oder flockige Silberung; etwas glanzlose Deckfarbe, leichte Farbabweichungen, leichter Rostanflug, etwas hellere Krallenfarbe, leicht durch einzelne, silberweiß erscheinende Deckhaare durchsetzte oder zum Haarboden aufhellende Unterfarbe; Farbzonen in der Unterfarbe.

Schwere Fehler: Zu stark flockige oder fehlende Silberung an einzelnen Körperteilen, starker Rostanflug, falsche Augen- oder Krallenfarbe, weiße Flecken an den Ohrenrändern oder in der Deckfarbe, stark durch silberweiß erscheinende Deckhaare durchsetzte Unterfarbe, weiße Unterfarbe am Haarboden.

Besonderheiten der Häsin: Feiner gebaut, wammenfrei.

Fleisch   60×60×50   6   **(*)

Kleinsilber, hell
Kleine Rasse

Rassegeschichte: In Deutschland aus Hellen Großsilbern und Kleinsilbern, schwarz, erzüchtet. 1975 anerkannt.

Gewicht: Mindestens 2,0 kg; Normal über 2,5 kg; Höchstgewicht 3,25 kg.

Körperbau, Kopf und Ohren: Gedrungen, breite Stirn und Schnauze, Kopf dicht angesetzt, kräftige Ohren. Braune Augen, schwarzbraune Krallen.

Fellmerkmale: Ca. 2,5 cm lang. Helle bläuliche Silberung durch helle, kurz gespitzte Deckhaare. Schwarze Grannenhaare überragen das Deckhaar (Stich). Bläulichweiße Deckfarbe, etwas mattere Bauchdeckfarbe; Schnauze und Ohren etwas dunkler, dunkelblaue Unterfarbe (bei älteren Tieren etwas heller).

Leichte Fehler: Schwache, ungleichmäßige oder etwas dunkle Silberung; wenig Stich, etwas hellere Brust; Kopf, Ohren, Läufe oder Blume etwas dunkel, dunkle Schnauze, etwas weiß durchsetzte Augenbrauen, leichte Abweichung der Krallen- oder Augenfarbe, etwas durchsetzte oder in Zonen abgrenzende Unterfarbe, schwache Unterfarbe im Afterbereich.

Schwere Fehler: Fehlen von Silberung oder schwarzen Stichhaaren, zu helle oder zu dunkle Deckfarbe, helle Brust, weiße Flecken, weiße Augenbrauen, dunkler Kopf, falsche Augen- oder Krallenfarbe, weiße oder fehlende Unterfarbe; weiße Unterfarbe im Afterbereich.

Besonderheiten der Häsin: Feiner gebaut, wammenfrei.

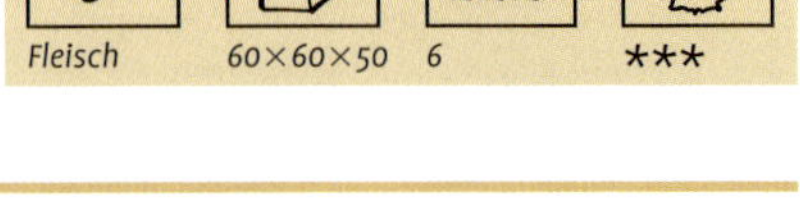

Fleisch   60×60×50   6   ***

Kleinsilber, schwarz
Kleine Rasse

Rassegeschichte: 1631 erstmals in England erwähnt, nachdem Tiere aus Asien eingeführt wurden. 1892 Export nach Deutschland.

Gewicht: Mindestens 2,0 kg; Normal über 2,5 kg; Höchstgewicht 3,25 kg.

Körperbau, Kopf und Ohren: Kurz gedrungen, breite Stirn und Schnauze, Kopf dicht angesetzt, kräftige Ohren. Dunkelbraune Augen, dunkelhornfarbige Krallen.

Fellmerkmale: Ca. 2,5 cm lang, dichte Unterwolle. Mittlere Silberung durch kurz gespitzte, silberweiß erscheinende Deckhaare. Schwarze Deckfarbe, etwas matter am Bauch; dunkelblaue Unterfarbe bis zum Haarboden.

Leichte Fehler: Etwas schwache, starke oder ungleichmäßige Silberung; etwas lang gespitzte oder flockige Silberung; etwas glanzlose Deckfarbe, leichte Farbabweichungen, leichter Rostanflug, etwas hellere Krallenfarbe, leicht durch einzelne, silberweiß erscheinende Deckhaare durchsetzte oder zum Haarboden aufhellende Unterfarbe; Farbzonen in der Unterfarbe.

Schwere Fehler: Zu stark flockige oder gänzlich fehlende Silberung an einzelnen Körperteilen, starker Rostanflug, falsche Augen- oder Krallenfarbe, weiße Flecken an den Ohrenrändern oder in der Deckfarbe, stark durch silberweiß erscheinende Deckhaare durchsetzte Unterfarbe, rein weiße Unterfarbe am Haarboden.

Besonderheiten der Häsin: Feiner gebaut, wammenfrei.

Fleisch

60×60×50

6

★★★★

Schwarz

Lohkaninchen
Kleine Rasse

Rassegeschichte: 1887 in England aus Klein-silbern, schwarz, Holländern und fahlblauen Kaninchen erzüchtet. Um 1900 Export nach Deutschland. Früherer Name „Black and Tan".

Farbenschläge: Schwarz, Havannafarbig (braune Augen); Blau, Fehfarbig (blaugraue Augen), dunkel- bis schwarzbraune Krallen.

Gewicht: Mindestens 2,0 kg; Normal über 2,5 kg; Höchstgewicht 3,25 kg.

Körperbau, Kopf und Ohren: Gedrungen, kur-zer Kopf, kräftige Ohren.

Fellmerkmale: Dichte Unterwolle, nicht zu kurze Begrannung.

Zeichnung: Lohfarbig sind Nasenlöcher-, Kinnbacken- und Ohreneinfassung, Augen-ringe, Flecken am Ohrenansatz und Schoß, Rumpf- und Brustzeichnung, Bauch, Seiten-einfassung und -spitzen, Laufinnenseiten, Zehenpunkte und Nackenkeil.

Leichte Fehler: Schwache oder ungleichmäßi-ge Kopf- oder Rumpfzeichnungsmerkmale, schlecht geformter Nackenkeil, melierte Schnauze, weiße Spürhaare im Bereich der Deckfarbe, angedeutete Zwischenfarbe, leicht durchsetzt, leichter Rost, cremefarbige Bauchunterfarbe.

Schwere Fehler: Fehlende Kopf- oder Rumpf-zeichnungsmerkmale, stark lohfarbige Schnauze, dunkle Brust, fehlender Nacken-keil, weiße Bauchfarbe, stark durchsetzt, ausgeprägte Zwischenfarbe, blaue Bauch-unterfarbe, starker Rost, falsche Augen- oder Krallenfarbe.

Besonderheiten der Häsin: Feiner gebaut, wammenfrei.

Fell

60×60×50

6

★★★★★

Schwarz

Loh-Rexe
Kurzhaarrasse

Rassegeschichte: Siehe Castor-Rexe.
Farbenschläge: Schwarz, Havannafarbig (braune Augen); Fehfarbig, Blau (blaugraue Augen), dunkel- bis schwarzbraune Krallen.
Gewicht: Mindestens 2,375 kg; Normal über 3,0 kg; Höchstgewicht 4,0 kg.
Körperbau, Kopf und Ohren: Leicht gestreckt, etwas länglicher Kopf, stabile Ohren, mittelhohe Stellung.
Fellmerkmale: Sehr dicht.
Zeichnung: Lohfarbig sind Nasenlöcher-, Kinnbacken- und Ohreneinfassung, Augenringe, Flecken am Ohrenansatz und Schoß, Brust, Bauch, Seiteneinfassung und -spitzen, Laufinnenseiten, Zehenpunkte, Keil.
Leichte Fehler: Schwache Nasenlöcher-, Kinnbacken- oder Ohreneinfassung; melierte Schnauze, ungleichmäßige Augenringe, schwache Lauf-, Seiten- und Brustzeichnung; leicht durchsetzte Deckfarbe, weiße

Spürhaare, angedeutete Zwischenfarbe, leichter Rostanflug, aufgehellte Bauchunterfarbe. Fehler zu Körperform und Fell siehe Blau-Rexe.
Schwere Fehler: Kopfzeichnungsmerkmal fehlt, stark unterbrochene Augenringe, dunkle Brust; Seiteneinfassung oder -spitzen fehlen, stark lohfarbige Schnauze, weißer Bauch, stark durchsetzte Deckfarbe und Läufe, ausgeprägte Zwischenfarbe, blaue Bauchunterfarbe, starker Rostanflug, falsche Augen- oder Krallenfarbe. Fehler zu Körperform und Fell siehe Blau-Rexe.
Besonderheiten der Häsin: Zierlicher gebaut. Kleine, gut geformte Wamme erlaubt.

Fell $80 \times 60 \times 60$ 8 *

Luxkaninchen
Kleine Rasse

Rassegeschichte: 1918 in Düsseldorf aus Perlfeh und Marburger Feh erzüchtet. 1922 anerkannt.

Gewicht: Mindestens 2,0 kg; Normal über 2,5 kg; Höchstgewicht 3,25 kg.

Körperbau, Kopf und Ohren: Leicht gedrungen, kurzer, dicht angesetzter Kopf; stabile Ohren, der Körperlänge angepasst. Graublaue Augen, hornfarbige Krallen.

Fellmerkmale: Nicht ganz mittellang, dichte Unterwolle. Licht blaue Deckfarbe mit silbrigem Glanz und einer schwach durchscheinenden braunroten Tönung. Schwacher, braunroter Genickkeil, etwas hellere Augenringe, weiße Kinnbackeneinfassung; Bauchdeckfarbe, Innenseite der Läufe und Blumenunterseite sind hell bis weiß. Braunrote, scharf abgegrenzte Zwischenfarbe (6–8 mm); weiße, scharf abgegrenzte Unterfarbe (ca. 1 cm); bläuliche Bauchunterfarbe.

Leichte Fehler: Geringe Abweichungen in der Deckfarbe, Bindenansätze, etwas schwache oder schmale Zwischenfarbe, nicht ganz weiße Unterfarbe, schwache oder nur im Brust- oder Schoßbereich vorhandene Bauchunterfarbe, schwache oder fehlende Unterfarbe im Afterbereich oder an den Innenseiten der Hinterläufe.

Schwere Fehler: Stark weiß durchsetzte Decke, weiße Binden, falsche Unter-, Augen- oder Krallenfarbe; Zwischenfarbe oder bläuliche Bauchunterfarbe fehlt.

Besonderheiten der Häsin: Wammenfrei.

60×60×50   6   *

Lux-Rexe
Kurzhaarrasse

Rassegeschichte: Siehe Castor-Rexe.
Gewicht: Mindestens 2,375 kg; Normal über 3,0 kg; Höchstgewicht 4,0 kg.
Körperbau, Kopf und Ohren: Leicht gestreckt, etwas länglicher Kopf, stabile Ohren. Graublaue Augen, hornfarbige Krallen.
Fellmerkmale: Sehr dicht, keine Locken, Grannenspitzen überragen Wollflaum max. 1 mm. Licht blaue Deckfarbe mit silbrigem Glanz und schwach durchscheinender braunroten Tönung. Braunroter, schwach ausgeprägter Nackenkeil; etwas hellere Augeneinfassung, weiße Kinnbackeneinfassung, helle bis weiße Bauchdeckfarbe, Laufinnenseiten und Blumenunterseite. Braunrote Zwischenfarbe, weiße Unterfarbe, bläuliche Bauchunterfarbe.
Leichte Fehler: Leicht abweichende Deckfarbe, helle Bindenansätze, etwas schwache oder schmale Zwischenfarbe, nicht rein

weiße Unterfarbe, schwache Bauchunterfarbe oder nur im Brust- und Schoßbereich vorhanden, schwache oder fehlende Unterfarbe im Afterbereich oder an Innenseiten der Hinterläufe. Fehler zu Körperform und Fell siehe Blau-Rexe.
Schwere Fehler: Stark durchsetzte Decke, starke Binden, falsche Augen- oder Krallenfarbe; Zwischen- oder Bauchunterfarbe fehlt, falsche Unterfarbe. Fehler zu Körperform und Fell siehe Blau-Rexe.
Besonderheiten der Häsin: Zierlicher gebaut. Kleine, gut geformte Wamme erlaubt.

Fell	80×60×60	8	**

Marburger Feh
Kleine Rasse

Rassegeschichte: 1912 in Marburg zufällig in einem Wurf Havanna aufgetreten. 1916 erstmals ausgestellt.

Gewicht: Mindestens 2,25 kg; Normal über 2,75 kg; Höchstgewicht 3,25 kg.

Körperbau, Kopf und Ohren: Leicht gedrungen, kräftige und kurze Läufe bewirken eine gute Bodenfreiheit; kurzer, dicht angesetzter Kopf; sehr stabile Ohren, passend zum Körper. Blaugraue Augen, dunkelhornfarbige bis hornfarbige Krallen.

Fellmerkmale: Vollgriffig, gleichmäßig, fein und nicht zu kurz begrannt. Licht blaue Deckfarbe mit bräunlichem Schleier (am stärksten an Kopf, Ohren und Läufen), etwas mattere Bauchfarbe; Unterfarbe ähnelt Deckfarbe, nicht scharf abgegrenzt.

Leichte Fehler: Kopf und Ohren nicht entsprechend ausgeprägt, etwas dunkle oder helle Deckfarbe, leicht durchsetzte Decke, reifartiger Anflug, schwacher Schleier, geringe Farbabweichungen an einzelnen Körperteilen, etwas helle oder leicht durchsetzte Unterfarbe, zonenweise Aufhellung, angedeutete Zwischenfarbe.

Schwere Fehler: Ausgeprägter Rammlerkopf bei der Häsin, Häsinnenkopf beim Rammler, abweichende Tragweise der Ohren; fahle, silbrige oder zu dunkle Decke; bräunlicher Schleier fehlt, falsche Augen- oder Krallenfarbe, helle oder stark durchsetzte Unterfarbe, ausgeprägte Zwischenfarbe, weiße Unterfarbe am Haarboden.

Besonderheiten der Häsin: Wammenfrei; bei älteren Tieren Wammenansatz erlaubt.

Fell   60×60×50   6   ★★★★

Braun

Marderkaninchen
Kleine Rasse

Rassegeschichte: 1924 in Deutschland aus Blauen Wienern, Hasenkaninchen, Angora, Havanna, Thüringern und Kleinchinchilla entstanden.

Farbenschläge: Braun (braune Augen) und Blau (blaugraue Augen), hornfarbige Krallen.

Gewicht: Mindestens 2,0 kg; Normal über 2,5 kg; Höchstgewicht 3,25 kg.

Körperbau, Kopf und Ohren: Leicht gedrungen, mittelstarke Läufe, dicht angesetzter Kopf, stabile Ohren.

Fellmerkmale: Dicht, feine Struktur. Licht braune bzw. blaue Deckfarbe, zu den Seiten hin heller; etwas dunklere Hinterschenkel und Schulterpartie. Backen, Brust und Bauch sind hellbraun bzw. hellblau. Über den Rücken zieht sich ein ca. 8 cm breiter dunkler, nicht scharf abgegrenzter Streifen. Dunkle Maske (nicht scharf abgegrenzt), Ohren, Läufe, Blume und Augeneinfassung; bläuliche Unterfarbe.

Leichte Fehler: Etwas dunkle oder fleckige Deckfarbe, leicht weiß durchsetzt, zweierlei Krallenfarbe, unvollständiger Rückenstreifen, große Maske, schwache Abzeichen, durchsetzte Unterfarbe, angedeutete Zwischenfarbe.

Schwere Fehler: Dunkle Deckfarbe, stark weiß durchsetzt, weiße Flecken, falsche Augen- oder Krallenfarbe; Kopf und Ohren dunkel, dunkle Abzeichen fehlen, stark unreine oder weiße Unterfarbe, ausgeprägte Zwischenfarbe.

Besonderheiten der Häsin: Wammenfrei.

60×60×50   6–8   ⋆(⋆)

Braun

Marder-Rexe
Kurzhaarrasse

Rassegeschichte: Siehe Castor-Rexe.

Farbenschläge: Braun (braune Augen) und Blau (blaugraue Augen), dunkelhornfarbige Krallen.

Gewicht: Mindestens 2,375 kg; Normal über 3,0 kg; Höchstgewicht 4,0 kg.

Körperbau, Kopf und Ohren: Leicht gestreckt, etwas länglicher Kopf, stabile Ohren, mittelhohe Stellung.

Fellmerkmale: Sehr dicht, keine Locken- oder Wirbelbildung, Grannenspitzen überragen Wollflaum max. 1 mm. Lichte braune bzw. blaue Deckfarbe, hellere Seiten und Flanken, etwas dunklere Hinterschenkel- und Schulterpartien, hellbraune bzw. hellblaue Backen, Brust und Bauchpartie. Über den Rücken zieht sich ein etwas dunkler, nicht scharf abgegrenzter Streifen. Dunkle Gesichtsmaske, Ohren, Läufe, Blume und Augeneinfassung; bläuliche Unterfarbe.

Leichte Fehler: Etwas dunkle oder fleckige Deckfarbe, leicht weiß durchsetzt, unvollständiger Rückenstreifen, etwas große Maske, schwache Abzeichen, durchsetzte Unterfarbe, angedeutete Zwischenfarbe. Fehler zu Körperform und Fell siehe Blau-Rexe.

Schwere Fehler: Deckfarbe, Kopf und Ohren völlig dunkel; stark weiß durchsetzt, weiße Flecken, falsche Augen- oder Krallenfarbe, Fehlen der dunklen Abzeichen, weiße Unterfarbe, ausgeprägte Zwischenfarbe. Fehler zu Körperform und Fell siehe Blau-Rexe.

Besonderheiten der Häsin: Zierlicher gebaut. Kleine, gut geformte Wamme erlaubt.

Fell 80×60×60 8 *(*)

Schwarz-Weiß

Mecklenburger Schecken
Mittelgroße Rasse

Rassegeschichte: 1980 in Goldenbow aus Blauen Wienern, Alaska und Deutschen Widdern, gescheckt, erzüchtet.

Farbenschläge: Schwarz-Weiß, Rot-Weiß (braune Augen); Blau-Weiß (blaugraue Augen), weiße Krallen.

Gewicht: Mindestens 3,5 kg; Normal über 4,5 kg; Höchstgewicht 5,5 kg.

Körperform, Kopf und Ohren: Gedrungen, Kopf und Ohren kräftig.

Fellmerkmale: Mittellang, sehr dichte Unterwolle.

Zeichnung: Mantelzeichnung. An Kopf und Ohren überwiegend Zeichnungsfarbe; Stirnfleck, Kinnbackeneinfassung, Unterlippe, Brust, Blumenunterseite, Vorder- und Hinterläufe weiß; Bauch überwiegend weiß, Unterfarbe nur im Mantel gefordert.

Leichte Fehler: Kopf und Ohren nicht entsprechend ausgeprägt, Mantel ungleichmäßig, etwas hineinragende Einläufer, weiße Flecken an Kopf, Ohrenansatz oder Blumenoberseite; Stirnfleck fehlt, teilweise gefärbte Unterlippe; Farbflecken an Brust, Blumenunterseite, Vorder- und Hinterläufen; leicht durchsetzte Zeichnungsfarbe.

Schwere Fehler: Kopf und Ohren stark abweichend, Einfarbig oder viel Weiß am Kopf, weiße Flecken an Ohren, gefärbte Unterlippe; Nasenfleck; Mantel unvollständig, mit weißen Flecken oder starken Einläufern; falsche Augen- oder Krallenfarbe.

Besonderheiten der Häsin: Bei älteren Tieren kleine, gut geformte Wamme erlaubt.

Fleisch   80×60×60   8   ★★★

Schwarz

Meißner Widder
Mittelgroße Rasse

Rassegeschichte: Um 1900 in Meißen aus Deutschen und Englischen Widdern mit schwarzen Kleinsilbern erzüchtet.

Farbenschläge: Schwarz, Blau, Gelb, Graubraun und Havanna. Augen- und Krallenfarbe siehe Deutsche Großsilber.

Gewicht: Mindestens 3,5 kg; Normal über 4,5 kg; Höchstgewicht 5,5 kg.

Körperbau, Kopf und Ohren: Weniger gedrungen als der Deutsche Widder, breite Brust und Hinterpartie, mittelhohe Körperstellung, kräftiger Kopf, breite Stirn- und Schnauzpartie, Behanglänge ca. 38–42 cm.

Fellmerkmale: Ca. 3 cm lang, dicht, gleichmäßig begrannt, gut behaarte Ohren. Für Silberung, Deck-, Zwischen- (bei Graubraun) und Unterfarbe sowie Gleichmäßigkeit gelten die Forderungen wie bei den Deutschen Großsilbern.

Leichte Fehler: Schwache Kopf- und Behang-bildung, abstehender Behang, leichte Abweichungen von Silberung, Deck-, Zwischen- und Unterfarbe sowie Gleichmäßigkeit (siehe Deutsche Großsilber).

Schwere Fehler: Fehlen des Widderkopfes, waagerecht oder aufrecht getragene Ohren, weniger als 36 cm und mehr als 42 cm Behanglänge, schwere Abweichungen von Silberung, Deck-, Zwischen- und Unterfarbe sowie Gleichmäßigkeit (siehe Deutsche Großsilber).

Besonderheiten der Häsin: Bei älteren Tieren kleine, gut geformte Wamme erlaubt. Kopfbildung etwas schwächer als beim Rammler.

80×60×60   6–8   *

Perlfeh
Kleine Rasse

Rassegeschichte: Um 1920 in Düsseldorf und Augsburg aus Marburger Feh, dunkelgrauen, havannafarbigen und eisengrauen Kaninchen erzüchtet. 1936 wurden beide Schläge vereinigt.

Gewicht: Mindestens 2,0 kg; Normal über 2,5 kg; Höchstgewicht 3,25 kg.

Körperbau, Kopf und Ohren: Leicht gedrungen, dicht angesetzter Kopf, stabile Ohren. Blaugraue Augen, hornfarbige Krallen.

Fellmerkmale: Kräftiger begrannt als Marburger Feh. Blaugraue Deckfarbe mit Perlung (hellgrau und dunkel gespitzte Grannenhaare), etwas hellere Augenringe, Kinnbackeneinfassung, Brust und Läufe; Genickkeil und Zwischenfarbe bräunlich, helle bis hellgraue Bauchdeckfarbe, blaugraue Unterfarbe.

Leichte Fehler: Stark von der mittleren Tönung abweichende Deckfarbe, grobe Perlung, helle Brust und Vorderläufe, aufgehellte Binden; Blumenoberseite schwach gesprenkelt, großer Keil, etwas durchsetzte Deck-, Zwischen- oder Unterfarbe; Bauchunterfarbe im Afterbereich und an der Innenseite der Hinterläufe fehlt.

Schwere Fehler: Zu dunkle oder ganz helle Deckfarbe ohne Perlung, stark durchsetzte Deck- und Unterfarbe, weiße Abzeichen, Binden oder Zehen; Blumenoberseite gesprenkelt, Zwischen-, Unter- oder Bauchunterfarbe fehlt; falsche Augen- oder Krallenfarbe.

Besonderheiten der Häsin: Wammenfrei.

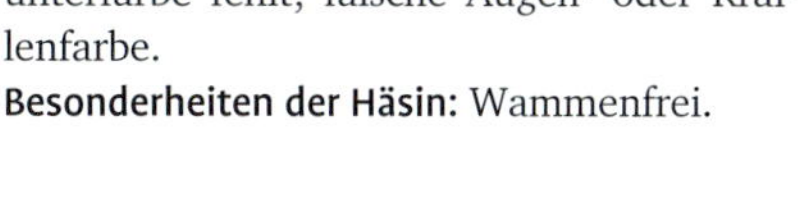

60×60×50   6   ★★★

Rheinische Schecken
Mittelgroße Rasse

Rassegeschichte: Um 1900 aus grau-weißen Tieren und Japanern erzüchtet.

Gewicht: Mindestens 2,75 kg; Normal über 3,75 kg; Höchstgewicht 4,5 kg.

Körperbau, Kopf und Ohren: Walzenförmig, kräftiger Kopf, feste Ohren. Braune Augen, weiße Krallen.

Fellmerkmale: Dicht, nicht zu lang begrannt. Weiße Grund- und Unterfarbe, schwarze und gelbe Zeichnungsfarbe.

Zeichnung: Schmetterling, Unterkiefer beidseitig eingefasst, Augenringe, Backenpunkte (einfarbig erlaubt), Ohren, Aalstrich, 6–8 Seitenflecken.

Leichte Fehler: Schmetterling gezackt, Lippenspalt fleischfarben, Unterkiefereinfassung fehlt einseitig, Augenringe oder Aalstrich ungleichmäßig, Ohren und Kopf unrein, eine Farbe herrscht vor, leicht durchsetzt, Seitenflecke hängen leicht an, Anlage zur Kettenzeichnung, gelblicher Anflug, weiße Flecken in Seitenpunkten oder Augenringen.

Schwere Fehler: Schmetterling unvollständig, Unterkiefereinfassung fehlt, Nasenspitze und Lippenspalt weiß, Backenpunkte oder Augenringe hängen an, eine Zeichnungsfarbe fehlt, stark durchsetzt, Augenringe oder Aalstrich unterbrochen, Seitenflecke hängen stark an, Sattel- oder Mantelzeichnung, weniger als 3 Seitenflecken, weiße Flecken, falsche Augen- oder Krallenfarbe.

Besonderheiten der Häsin: Feiner gebaut, möglichst wammenfrei. Ältere Tiere: Kleine, gut geformte Wamme erlaubt.

80×60×60   8   ★★(★)

Rhönkaninchen
Kleine Rasse

Rassegeschichte: Aus Kleinchinchilla, Rheinischen Schecken, Japanern, Weißgrannen und Alaska erzüchtet. 1981 in der DDR, 1985 im ZDK anerkannt.

Gewicht: Mindestens 2,25 kg; Normal über 2,75 kg; Höchstgewicht 3,25 kg.

Körperbau, Kopf und Ohren: Gedrungen, kräftige Läufe; Kopf dicht angesetzt, breite Stirn- und Schnauzpartie, stabile Ohren. Braune Augen, hornfarbige Krallen.

Fellmerkmale: Dicht, vollgriffig, gute Unterwolle.

Zeichnung: Besteht aus Flecken, Streifen und Spritzern, über den ganzen Körper gleichmäßig verteilt; die Blume bleibt unberücksichtigt. Weiße Grundfarbe, graue bis schwarzgraue Zeichnungsfarbe.

Leichte Fehler: Kopf und Ohren nicht entsprechend ausgeprägt, Fehlen von Zeichnung an einem Ohr oder beiden Vorderläufen, etwas grobe oder verschwommene Zeichnung, geteilte Kopfzeichnung, etwas gelber oder brauner Anflug, etwas helle Zeichnungsfarbe.

Schwere Fehler: Stark abweichende Kopf- und Ohrenbildung; Zeichnung an Kopf oder beiden Ohren fehlt, kreuzweise geteilte Kopf- und Ohrenzeichnung, zu große Zeichnungsfelder bzw. zeichnungsfreie Felder, stark verschwommene Zeichnung, falsche Zeichnungs-, Augen- oder Krallenfarbe; starker gelber oder brauner Schleier.

Besonderheiten der Häsin: Feiner gebaut, wammenfrei. Bei älteren Tieren Wammenansatz erlaubt.

60×60×50   6   ★(★)

Rhön-Rexe
Kurzhaarrasse

Rassegeschichte: Siehe Castor-Rexe.
Gewicht: Mindestens 2,5 kg; Normal über 3,5 kg; Höchstgewicht 4,5 kg.
Körperbau, Kopf und Ohren: Leicht gestreckt, etwas länglicher Kopf, stabile Ohren. Braune Augen, hornfarbige Krallen.
Fellmerkmale: Sehr dicht, auf dem Rücken 17–20 mm, keine Locken. Grannenspitzen überragen Wollflaum max. 1 mm. Weiße Grundfarbe, graue bis schwarzgraue Zeichnungsfarbe.
Zeichnung: Besteht aus Flecken, Streifen und Spritzern; über den ganzen Körper möglichst gleichmäßig verteilt (Blume bleibt unberücksichtigt).
Leichte Fehler: Fehlen von Zeichnung an einem Ohr oder beiden Vorderläufen, etwas grobe oder verschwommene Zeichnung, geteilte Kopfzeichnung, etwas gelber oder brauner Anflug, etwas matte oder helle Zeichnungsfarbe. Fehler zu Körperform und Fell siehe Blau-Rexe.
Schwere Fehler: Gänzliches Fehlen von Zeichnung an Kopf oder Ohren, kreuzweise geteilte Kopf- und Ohrenzeichnung, zu große Zeichnungsfelder bzw. Felder ohne Zeichnung, die mehr als ein Viertel des Körpers bedecken; stark verschwommene Zeichnung, starker gelber oder brauner Schleier, abweichende Zeichnungsfarbe, falsche Augen- oder Krallenfarbe. Fehler zu Körperform und Fell siehe Blau-Rexe.
Besonderheiten der Häsin: Zierlicher gebaut. Kleine, gut geformte Wamme erlaubt.

Fell

80×60×60

8

*

Rote Neuseeländer
Mittelgroße Rasse

Rassegeschichte: Anfang 1900 in Kalifornien aus rötlichgelben Hauskaninchen und Belgischen Riesen sowie Hasenkaninchen erzüchtet.

Gewicht: Mindestens 3,0 kg; Normal über 4,0 kg; Höchstgewicht 5,0 kg.

Körperbau, Kopf und Ohren: Leicht gestreckt, kurzer Hals, mittellange Läufe, kräftiger Kopf, breite Stirn und Schnauze, stabile Ohren. Braune Augen, dunkelhornfarbige Krallen.

Fellmerkmale: Mittellang. Sattrote Deckfarbe, Unterfarbe möglichst ähnlich; etwas heller getönte Augenringe, Kinnbackeneinfassung, Bauchfarbe, Laufinnenseiten und Blumenunterseite.

Leichte Fehler: Nicht entsprechende Kopf- und Ohrenbildung, etwas blasse, fleckige oder leicht durchsetzte Deckfarbe; leicht helle oder dunkle Ohrenränder; Brust, Seiten oder Läufe etwas hell; Bindenansätze, schwach cremefarbige Blumenunterseite; Unterfarbe etwas durchsetzt, angedeutete Zwischenfarbe.

Schwere Fehler: Kopf und Ohren stark abweichend; zu helle, stark weiß oder schwarz durchsetzte Deckfarbe; schwarze Ohrenränder, helle Brust oder Läufe, weiße Binden, Augenringe oder Kinnbackeneinfassung; falsche Augen- oder Krallenfarbe, stark unreine Unterfarbe, weiße Bauchfarbe oder Blumenunterseite, ausgeprägte Zwischenfarbe.

Besonderheiten der Häsin: Bei älteren Tieren kleine, gut geformte Wamme erlaubt.

Fleisch	80×60×60	6–8	★★★★★

Schwarz-Weiß

Russen
Kleine Rasse

Rassegeschichte: Schon im 16. Jahrhundert in Frankreich bekannt; um 1857 in England aufgetreten und gezüchtet.

Farbenschläge: Schwarz-Weiß, Blau-Weiß. Rot durchleuchtende Augen, dunkelbraune Krallen.

Gewicht: Mindestens 1,75 kg; Normal über 2,25 kg; Höchstgewicht 3,0 kg.

Körperbau, Kopf und Ohren: Leicht gedrungen, dicht angesetzter Kopf, kurze Ohren.

Fellmerkmale: Dicht, relativ kurz. Weiße Grund- und Unterfarbe.

Zeichnung: Ovale, scharf abgegrenzte Maske (bedeckt die Nase); scharf abgegrenzte Ohrenzeichnung. Vorderstes Glied der Vorderläufe und Hinterläufe bis über das Sprunggelenk sind farbig und exakt abgegrenzt. Farbige Blume.

Leichte Fehler: Etwas grobe oder hohe Maske, leichter Augenrandanflug, unreine Ohrenansätze, kurze, lange oder verschwommene Zeichnung der Läufe oder Blume; gelber oder grauer Anflug, leicht durchsetzte Zeichnungsfarbe. Blau-Weiß: Verschieden stark pigmentierte Krallen.

Schwere Fehler: Zu große Maske, grobe Zacken oder Weiß in der Zeichnung der Läufe, starke Augenrandringe, weiße Flecken in Maske, an Ohrenrändern oder -ansatz; unreine Grundfarbe, stark durchsetzte Zeichnungsfarbe, falsche Augenfarbe, pigmentlose Krallen. Schwarz-Weiß: Zweierlei Krallenfarbe.

Besonderheiten der Häsin: Etwas schnittiger, wammenfrei.

60×60×50   6–8   ★★★★

Schwarz-Weiß

Russen-Rexe
Kurzhaarrasse

Rassegeschichte: Siehe Castor-Rexe.
Farbenschläge: Schwarz-Weiß, Blau-Weiß.
Rot durchleuchtende Augen, dunkelbraune Krallen.
Gewicht: Mindestens 2,375 kg; Normal über 3,0 kg; Höchstgewicht 4,0 kg.
Körperbau, Kopf und Ohren: Leicht gestreckt, etwas länglicher Kopf, stabile Ohren.
Fellmerkmale: Sehr dicht, auf dem Rücken 17–20 mm, keine Locken- oder Wirbelbildung. Weiße Grund- und Unterfarbe.
Zeichnung: Ovale, scharf abgegrenzte Maske (bedeckt die Nase); an der Wurzel scharf abgegrenzte Ohren. Das vorderste Glied der Vorderläufe und die Hinterläufe bis über das Sprunggelenk sind farbig und gut abgegrenzt, dunkle Blume.
Leichte Fehler: Etwas grobe Maske, leichter Augenrandanflug, unreine Ohrenansätze, verschwommene Zeichnung der Läufe, gel-

ber oder grauer Anflug, leicht durchsetzte Zeichnungsfarbe. Blau-Weiß: Unterschiedlich intensiv pigmentierte Krallen. Fehler zu Körperform und Fell siehe Blau-Rexe.
Schwere Fehler: Zu große Maske, starke Augenrandringe, weiße Flecken in der Maske, an den Ohrenrändern oder am Ohrenansatz; grobe Zacken oder Weiß in den Läufen, unreine Grundfarbe, stark weiß durchsetzte Abzeichen, falsche Augenfarbe, pigmentlose Krallen. Schwarz-Weiß: Zweierlei Krallenfarbe. Fehler zu Körperform und Fell siehe Blau-Rexe.
Besonderheiten der Häsin: Zierlicher gebaut. Kleine, gut geformte Wamme erlaubt.

Fell   80×60×60   8   ✻

Sachsengold
Kleine Rasse

Rassegeschichte: 1925 in Meißen erzüchtet. Ausgangstiere waren ein strohgelber Kreuzungsrammler, eine fast gelbe Japanerhäsin, Gelbsilber, Havanna, Kleinchinchilla, Schwarzloh und Rote Neuseeländer.

Gewicht: Mindestens 2,25 kg; Normal über 2,75 kg; Höchstgewicht 3,25 kg.

Körperbau, Kopf und Ohren: Kurz, gedrungen, dicht angesetzter Kopf, stabile Ohren. Braune Augen, hornfarbige Krallen.

Fellmerkmale: Mittellang, gleichmäßig begrannt, sehr dicht. Rotgelbe Deckfarbe, etwas hellere Bauchpartie, cremefarbige Blumenunterseite zulässig. Unterfarbe ist der Deckfarbe möglichst ähnlich.

Leichte Fehler: Kopf und Ohren nicht entsprechend ausgeprägt, etwas helle Deckfarbe, leicht heller oder dunkler Ohrenrandanflug, etwas fleckige oder durchsetzte Deckfarbe, etwas helle oder dunkle Brust, Schenkel oder Vorderläufe; etwas helle oder durchsetzte Unterfarbe, angedeutete Zwischenfarbe.

Schwere Fehler: Kopf und Ohren stark abweichend, zu helle Deckfarbe, stark schwarz oder weiß durchsetzte Decke, schwarze Ohrenränder, weiße Flecken in der Deckfarbe, falsche Augen- oder Krallenfarbe, stark unreine oder fehlende Unterfarbe, weiße Bauchfarbe oder Blumenunterseite, ausgeprägte Zwischenfarbe.

Besonderheiten der Häsin: Zierlicher gebaut, wammenfrei. Bei älteren Tieren Wammenansatz erlaubt.

60×60×50   6   ★★★

Satin-Blau
Haarstrukturrasse

Rassegeschichte: Ab 1940 begann man in Amerika verschiedene Farbenschläge zu erzüchten. Ausgangsfarbenschlag waren Satin-Havanna.

Gewicht: Mindestens 2,5 kg; Normal über 3,25 kg; Höchstgewicht 4,0 kg.

Körperbau, Kopf und Ohren: Leicht gedrungen (kein Weiße-Neuseeländer-Typ), kurzer, dicht angesetzter Kopf; stabile Ohren. Blaugraue Augen, dunkelhornfarbige Krallen.

Fellmerkmale: Mittellang, dicht, Genick und Schoßpartie frei von Locken. Verdünnung der Haarstruktur auch an kürzer behaarten Stellen erkennbar, seidenartiger Glanz. Blaue Deckfarbe, leicht hellere Unterfarbe, geht bis zum Haarboden.

Leichte Fehler: Kopf und Ohren nicht entsprechend ausgeprägt, leichte Lockenbildung, etwas wenig Dichte, etwas schwacher Seidenglanz, melierte Deckfarbe, leicht brauner Anflug, helle Unterfarbe, angedeutete Zwischenfarbe.

Schwere Fehler: Stark abweichende Kopf- und Ohrenbildung, grobe Begrannung, starke Lockenbildung, fehlende Unterwolldichte, fehlender Seidenglanz, zu helle oder zu dunkle Deckfarbe, weiß durchsetzte Deckfarbe, Unterfarbe oder Ohrenränder, ausgeprägte Zwischenfarbe, falsche Augen- oder Krallenfarbe, stark brauner Anflug, weiße Unterfarbe am Haarboden.

Besonderheiten der Häsin: Bei älteren Tieren kleine, gut geformte Wamme erlaubt.

Fell   80×60×60   6–8   ★

Satin-Castor
Haarstrukturrasse

Rassegeschichte: Siehe Satin-Havanna.

Gewicht: Mindestens 2,5 kg; Normal über 3,25 kg; Höchstgewicht 4,0 kg.

Körperbau, Kopf und Ohren: Leicht gedrungen (aber kein Weiße-Neuseeländer-Typ), dicht angesetzter Kopf, stabile Ohren. Dunkelbraune Augen und Krallen.

Fellmerkmale: Mittellang, Genick und Schoßpartie ohne Locken. Rötlich-kastanienbraune Deckfarbe mit dunklem Schleier, dunkle Ohrenränder, cremefarbige Laufinnenseiten, Kinnbacken- und Augeneinfassung; weiße bis elfenbeinfarbige Blumenunterseite und Bauchdeckfarbe; Nackenkeil und Zwischenfarbe rostbraun; blaue Unterfarbe.

Leichte Fehler: Leichte Lockenbildung, etwas wenig Dichte; Seidenglanz etwas schwach, etwas graue oder durchsetzte Deckfarbe; Bindenansätze; Ohrenrand oder Unterfarbe leicht durchsetzt, etwas schmale oder breite Zwischenfarbe, aufgehellte oder nur im Brust- oder Schoßbereich vorhandene Bauchunterfarbe.

Schwere Fehler: Grobe Begrannung, starke Lockenbildung; Unterwolldichte oder Seidenglanz fehlt, schwarzer Schleier auf der Decke, graue Seiten, falsche Bauchdeckfarbe, stark durchsetzte Deckfarbe, Ohrenränder oder Unterfarbe; Binden, fehlende oder stark verwaschene Zwischenfarbe; Bauchunterfarbe fehlt, falsche Augen- oder Krallenfarbe.

Besonderheiten der Häsin: Bei älteren Tieren kleine, gut geformte Wamme erlaubt.

Fell

80×60×60

6–8

*

Satin-Chinchilla
Haarstrukturrasse

Rassegeschichte: Siehe Satin-Havanna.

Gewicht: Mindestens 2,5 kg; Normal über 3,25 kg; Höchstgewicht 4,0 kg.

Körperbau, Kopf und Ohren: Leicht gedrungen, kurzer Kopf, stabile Ohren. Dunkelbraune Augen, schwarzbraune Krallen.

Fellmerkmale: Mittellang. Bläuliches Aschgrau. Flockige Schattierung, dunkler Streifen unter der Decke, schwarze Ohrenränder und Blumenoberseite (grauweiß gesprenkelt). Blumenunterseite weiß, Keil grau-weiß, Bauchdeckfarbe hell, Zwischenfarbe abgegrenzt, Unterfarbe bläulich.

Leichte Fehler: Etwas Locken, etwas helle Brust, Seiten oder Vorderläufe; Bindenansätze; Kopf oder Ohren etwas bräunlich, großer Keil, etwas durchsetzt, Schattierung gleichmäßig, Blumenoberseite wenig gesprenkelt, Bauchdeckfarbe etwas dunkel, Unterfarbe etwas hell (vorderer Bauchbereich), bräun-lich oder schwach (Laufinnenseiten oder Afterbereich).

Schwere Fehler: Grobe Begrannung, starke Locken; Unterwolle oder Seidenglanz fehlt, helle Brust oder Vorderläufe; Binden; Deckfarbe stark bräunlich, Keil gelb, stark durchsetzt, Schattierung silbrig, Blumenoberseite schwarz, Bauchdeckfarbe dunkel, falsche Augen- oder Krallenfarbe; Zwischen- oder Bauchunterfarbe fehlt.

Besonderheiten der Häsin: Ältere Tiere: Kleine, gut geformte Wamme erlaubt. Bauchunterfarbe muss wenigstens in der Schoßpartie vorhanden sein.

Fell	80×60×60	6–8	*

Satin-Elfenbein
Haarstrukturrasse

Rassegeschichte: Ab 1940 begann man in Amerika verschiedene Farbenschläge zu erzüchten. Ausgangsfarbenschlag waren Satin-Havanna.

Gewicht: Mindestens 2,5 kg; Normal über 3,25 kg; Höchstgewicht 4,0 kg.

Körperbau, Kopf und Ohren: Leicht gedrungen (aber kein Weiße-Neuseeländer-Typ), hinten gut abgerundet, kurzer und breiter Kopf, dicht am Körper angesetzt; stabile, gut abgerundete Ohren, passend zur Körperlänge. Rote durchleuchtende oder blaue Augen, pigmentlose Krallen.

Fellmerkmale: Mittellang, dicht, weich, gut behaarte Ohren. Genick und Schoßpartie frei von Lockenbildung. Verdünnung der Haarstruktur muss auch an kürzer behaarten Stellen eindeutig erkennbar sein. Seidenartiger Glanz am ganzen Körper, intensive Elfenbeinfarbe.

Leichte Fehler: Kopf und Ohren nicht entsprechend ausgeprägt, leichte Lockenbildung, etwas wenig Dichte, etwas schwacher Seidenglanz, leichte Farbabweichungen am Körper, gelber oder grauer Anflug in der Deckfarbe.

Schwere Fehler: Stark abweichende Kopf- und Ohrenbildung, grobe Begrannung, starke Lockenbildung, fehlende Unterwolldichte, fehlender Seidenglanz, stark gelber oder grauer Anflug in der Deckfarbe, falsche Augen- oder Krallenfarbe.

Besonderheiten der Häsin: Bei älteren Tieren kleine, gut geformte Wamme erlaubt.

Fell   80×60×60   6–8   ★★★

Satin-Feh

Haarstrukturrasse

Rassegeschichte: Ab 1940 begann man in Amerika verschiedene Farbenschläge zu erzüchten. Ausgangsfarbenschlag waren Satin-Havanna.

Gewicht: Mindestens 2,5 kg; Normal über 3,25 kg; Höchstgewicht 4,0 kg.

Körperbau, Kopf und Ohren: Leicht gedrungen (kein Weiße-Neuseeländer-Typ), kurzer, dicht am Körper angesetzter Kopf; stabile Ohren. Graublaue Augen, dunkle bis hornfarbige Krallen.

Fellmerkmale: Mittellang. Genick und Schoßpartie ohne Locken, seidenartiger Glanz. Licht blaue Deckfarbe mit bräunlichem Schleier; Unterfarbe ähnlich, etwas mattere Bauchfarbe.

Leichte Fehler: Kopf und Ohren nicht entsprechend ausgeprägt, leichte Lockenbildung, etwas wenig Dichte; Schleier oder Seidenglanz etwas schwach, etwas dunkle oder helle Deckfarbe, leichter reifartiger Anflug, schwacher Schleier, leicht durchsetzte Deck- oder Unterfarbe, angedeutete Zwischenfarbe.

Schwere Fehler: Stark abweichende Kopf- und Ohrenbildung, grobe Begrannung, starke Lockenbildung; Unterwolldichte, Seidenglanz oder bräunlicher Schleier fehlt, zu dunkle Decke, starker reifartiger Anflug, falsche Augen- oder Krallenfarbe, stark durchsetzte Unterfarbe, weiße Unterfarbe am Haarboden, ausgeprägte Zwischenfarbe.

Besonderheiten der Häsin: Bei älteren Tieren kleine, gut geformte Wamme erlaubt.

Fell   80×60×60   6–8   ★

Satin-Hasenfarbig
Haarstrukturrasse

Rassegeschichte: 1980 aus Satin-Rot gefallen.

Gewicht: Mindestens 2,5 kg; Normal über 3,25 kg; Höchstgewicht 4,0 kg.

Körperbau, Kopf und Ohren: Leicht gedrungen, dicht angesetzter Kopf, stabile Ohren. Braune Augen, dunkelhornfarbige Krallen.

Fellmerkmale: Mittellang. Rotbraune Deckfarbe, schwarz schattiert; lohfarbige Bauchdecke, Kinnbackeneinfassung und Augenringe; cremefarbige Blumenunterseite, schwarze Ohrenränder, rost- bis braunrote Zwischenfarbe, blaue Unterfarbe, Bauchunterfarbe in Brust- und Schoßpartie.

Leichte Fehler: Leichte Typfehler, leichte Lockenbildung, etwas wenig Seidenglanz oder Schattierung, etwas helle Seiten; Deck-, Unterfarbe oder Ohrenränder leicht durchsetzt; schmale Ohrenränder, helle Kinnbackeneinfassung oder Hinterläufe, weiße Blumenunterseite, etwas matte Zwischenfarbe; Unterfarbe in Brust- oder Schoßpartie schwach.

Schwere Fehler: Hasenkaninchen-Typ, grobe Begrannung, starke Lockenbildung; Unterwolldichte, Seidenglanz oder Schattierung fehlt; stark helle Seiten; Deckfarbe oder Ohrenränder stark durchsetzt; stark unreine Unterfarbe; Unterfarbe in Brust- oder Schoßpartie oder Zwischenfarbe fehlt, falsche Augen- oder Krallenfarbe.

Besonderheiten der Häsin: Bei älteren Tieren kleine, gut geformte Wamme erlaubt.

Fell 80×60×60 6–8 *

Satin-Havanna
Haarstrukturrasse

Rassegeschichte: 1934 in Amerika in einem Wurf Havanna gefallen. 1973 erstmals in Deutschland zu sehen; 1977 im Standard anerkannt.

Gewicht: Mindestens 2,5 kg; Normal über 3,25 kg; Höchstgewicht 4,0 kg.

Körperbau, Kopf und Ohren: Leicht gedrungen (kein Weiße-Neuseeländer-Typ), kurzer, dicht am Körper angesetzter Kopf; stabile Ohren. Braune Augen, leicht rot durchleuchtend; hornfarbige Krallen.

Fellmerkmale: Mittellang, dicht, weich, gut behaarte Ohren. Genick und Schoßpartie frei von Locken. Verdünnung der Haarstruktur auch an kürzer behaarten Stellen erkennbar, seidenartiger Glanz. Dunkelbraune Deckfarbe, etwas mattere Bauchdeckfarbe, blaue Unterfarbe bis zum Haarboden.

Leichte Fehler: Kopf und Ohren nicht entsprechend ausgeprägt, leichte Lockenbildung, etwas wenig Dichte, etwas schwacher Seidenglanz, leicht durchsetzte oder melierte Decke, durchsetzte Unterfarbe, angedeutete Zwischenfarbe.

Schwere Fehler: Stark abweichende Kopf- und Ohrenbildung, grobe Begrannung, starke Lockenbildung, fehlende Unterwolldichte, fehlender Seidenglanz, stark durchsetzte Deck- oder Unterfarbe, falsche Augen- oder Krallenfarbe, weiße Unterfarbe am Haarboden, ausgeprägte Zwischenfarbe.

Besonderheiten der Häsin: Bei älteren Tieren kleine, gut geformte Wamme erlaubt.

Fell	80×60×60	6–8	★

Schwarz-Weiß

Satin-Kalifornier
Haarstrukturrasse

Rassegeschichte: 1995 erneut anerkannt. Wegen Verbreitungsmängeln war die Rasse aus dem Standard gestrichen worden.

Farbenschläge: Schwarz-Weiß, Havannafarbig-Weiß. Rot durchleuchtende Augen, horn- bis dunkelhornfarbige Krallen.

Gewicht: Mindestens 2,5 kg; Normal über 3,25 kg; Höchstgewicht 4,0 kg.

Körperbau, Kopf und Ohren: Leicht gedrungen (kein Weiße-Neuseeländer-Typ), dicht angesetzter Kopf, stabile Ohren.

Fellmerkmale: Mittellang. Elfenbeinweiße Grundfarbe.

Zeichnung: Gut abgerundete Maske, gut abgegrenzte Ohren, farbige, scharf abgegrenzte Vorder- und Hinterläufe; farbige Blume.

Leichte Fehler: Kopf und Ohren nicht entsprechend ausgeprägt, leichte Lockenbildung, etwas schwacher Seidenglanz, ungleiche Maske, etwas Augenrandanflug, verschwommene Zeichnung der Läufe, Ohren oder Blume; leicht weiß durchsetzte Zeichnungsfarbe, kleiner Farbfleck an Kehle oder Wamme.

Schwere Fehler: Stark abweichende Kopf- und Ohrenbildung, grobe Begrannung, starke Lockenbildung; Unterwolldichte oder Seidenglanz fehlt, zu große Maske, starke Augenringe, stark weiß durchsetzte Zeichnungsfarbe, schwarze Flecken in der Grundfarbe (außer an Kehle oder Wamme), falsche Augen- oder Krallenfarbe.

Besonderheiten der Häsin: Bei älteren Tieren kleine, gut geformte Wamme erlaubt.

Fell   80×60×60   6–8   ★(★)

Satin-Lux
Haarstrukturrasse

Rassegeschichte: Siehe Satin-Havanna.

Gewicht: Mindestens 2,5 kg; Normal über 3,25 kg; Höchstgewicht 4,0 kg

Körperbau, Kopf und Ohren: Leicht gedrungen (kein Weiße-Neuseeländer-Typ), dicht angesetzter Kopf, stabile Ohren. Graublaue Augen, hornfarbige Krallen.

Fellmerkmale: Mittellang. Genick und Schoßpartie ohne Locken. Blaue Deckfarbe mit silbrigem Glanz und braunroter Tönung. Schwach ausgeprägter, braunroter Genickkeil; etwas hellere Augenringe. Kinnbackeneinfassung, Bauchdeckfarbe, Innenseite der Läufe sowie Blumenunterseite sind hell bis weiß. Braunrote Zwischenfarbe, scharf abgegrenzt; weiße Unterfarbe, bläuliche Bauchunterfarbe.

Leichte Fehler: Leichte Lockenbildung, etwas wenig Dichte; Seidenglanz etwas schwach, geringe Abweichungen in der Deckfarbe; Bindenansätze, etwas matte Zwischenfarbe, nicht reinweiße Unterfarbe, schwache Bauchunterfarbe oder nur im Brust- und Schoßbereich vorhanden, schwache Unterfarbe im Afterbereich oder an den Innenseiten der Hinterläufe.

Schwere Fehler: Grobe Begrannung, starke Lockenbildung; Unterwolldichte oder Seidenglanz fehlt, stark weiß durchsetzte Decke, weiße Binden, falsche Augen- oder Krallenfarbe, fehlende Zwischenfarbe, falsche Unterfarbe, fehlende Bauchunterfarbe.

Besonderheiten der Häsin: Bei älteren Tieren kleine, gut geformte Wamme erlaubt.

Fell	80×60×60	6–8	*(*)

Satin-Rot
Haarstrukturrasse

Rassegeschichte: Um 1940 in Amerika als orangefarbiges Kaninchen erzüchtet; 1953 Farbenschlag in Rot umgeändert.

Gewicht: Mindestens 2,5 kg; Normal über 3,25 kg; Höchstgewicht 4,0 kg.

Körperbau, Kopf und Ohren: Leicht gedrungen (kein Weiße-Neuseeländer-Typ), dicht angesetzter Kopf, stabile Ohren. Braune Augen, hornfarbige Krallen.

Fellmerkmale: Mittellang. Genick und Schoßpartie lockenfrei. Verdünnung der Haarstruktur auch an kürzer behaarten Stellen, seidenartiger Glanz. Rote Deckfarbe, cremefarbige Kinnbacken, Augenringe und Blumenunterseite; mattere Bauchdeckfarbe, cremefarbige Unterfarbe bis zum Haarboden.

Leichte Fehler: Kopf und Ohren nicht entsprechend ausgeprägt, leichte Locken, etwas wenig Dichte, etwas schwacher Seidenglanz, durchsetzte Deck- oder Unterfarbe, dunkler Anflug auf der Decke oder an den Ohrenrändern, angedeutete Zwischenfarbe.

Schwere Fehler: Stark abweichende Kopf- und Ohrenbildung, grobe Begrannung, starke Lockenbildung; Unterwolldichte oder Seidenglanz fehlt, stark weiß oder schwarz durchsetzte Deckfarbe, falsche Augen- oder Krallenfarbe, schwarze Ohrenränder, weiße Bauchfarbe, Blumenunterseite oder Unterfarbe am Haarboden; ausgeprägte Zwischenfarbe.

Besonderheiten der Häsin: Bei älteren Tieren kleine, gut geformte Wamme erlaubt.

Fell	80×60×60	6–8	*(*)

Satin-Schwarz
Haarstrukturrasse

Rassegeschichte: Ab 1940 begann man in Amerika verschiedene Farbenschläge zu erzüchten. Ausgangsfarbenschlag waren Satin-Havanna.

Gewicht: Mindestens 2,5 kg; Normal über 3,25 kg; Höchstgewicht 4,0 kg.

Körperbau, Kopf und Ohren: Leicht gedrungen (aber kein Weiße-Neuseeländer-Typ), kurzer, dicht am Körper angesetzter Kopf; stabile Ohren. Dunkelbraune Augen, dunkelhornfarbige Krallen.

Fellmerkmale: Mittellang, dicht, weich, gut behaarte Ohren. Genick und Schoßpartie frei von Lockenbildung. Verdünnung der Haarstruktur muss auch an kürzer behaarten Stellen eindeutig erkennbar sein; seidenartiger Glanz am ganzen Körper. Schwarze Deckfarbe, dunkelblaue Unterfarbe bis zum Haarboden.

Leichte Fehler: Kopf und Ohren nicht entsprechend ausgeprägt, leichte Lockenbildung, etwas wenig Dichte, etwas schwacher Seidenglanz, etwas durchsetzte Deckfarbe, helle oder durchsetzte Unterfarbe, angedeutete Zwischenfarbe.

Schwere Fehler: Stark abweichende Kopf- und Ohrenbildung, grobe Begrannung, starke Lockenbildung, fehlende Unterwolldichte, fehlender Seidenglanz, stark durchsetzte Decke oder Unterfarbe, falsche Augen- oder Krallenfarbe, weiße Unterfarbe am Haarboden, ausgeprägte Zwischenfarbe.

Besonderheiten der Häsin: Bei älteren Tieren kleine, gut geformte Wamme erlaubt.

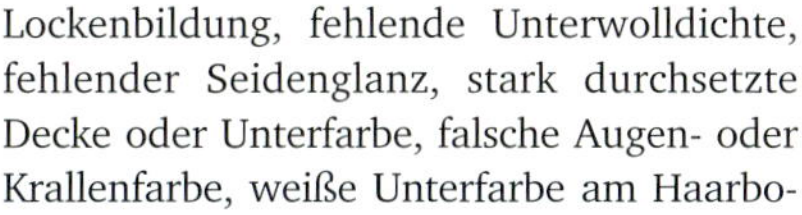

Fell	*80×60×60*	*6–8*	*

Satin-Siamesen
Haarstrukturrasse

Rassegeschichte: Siehe Satin-Havanna.
Gewicht: Mindestens 2,5 kg; Normal über 3,25 kg; Höchstgewicht 4,0 kg.
Körperbau, Kopf und Ohren: Leicht gedrungen (kein Weiße-Neuseeländer-Typ), kurzer Kopf, stabile Ohren. Braune Augen, hornfarbige Krallen.
Fellmerkmale: Mittellang. Gelbbraune Deckfarbe. Unterfarbe, Seiten, Backen, Brust und Bauch etwas heller. Hinterschenkel, Schultern, Maske (nicht scharf abgegrenzt), Ohren, Läufe, Blume und Augeneinfassung etwas dunkler. Auf dem Rücken verläuft ein schleierartiger Streifen, der nicht scharf abgegrenzt ist.
Leichte Fehler: Leichte Lockenbildung; Seidenglanz etwas schwach, etwas fleckige oder durchsetzte Deckfarbe, etwas dunkle Seiten, unterschiedlich intensiv pigmentierte Krallen, dunkle Stirn, aufgehellte Vorderläufe,

unvollständiger Rückenstreifen, etwas unreine Unterfarbe, angedeutete Zwischenfarbe.
Schwere Fehler: Starke Lockenbildung; Unterwolldichte oder Seidenglanz fehlt; zu dunkle, stark fleckige oder durchsetzte Deckfarbe; stark weiß gespitzte Grannen in den Abzeichen, stark nach blau neigende Farbe, dunkler Kopf, falsche Augen- oder Krallenfarbe; Augenflecken; dunkle Abzeichen fehlen, stark ausgeprägter seitlicher Streifen, ausgeprägte Zwischenfarbe; Unterfarbe dunkler als Deckfarbe oder stark unrein.
Besonderheiten der Häsin: Bei älteren Tieren kleine, gut geformte Wamme erlaubt.

Fell

80 × 60 × 60

6–8

★

Satin-Thüringer
Haarstrukturrasse

Rassegeschichte: Siehe Satin-Havanna.
Gewicht: Mindestens 2,5 kg; Normal über 3,25 kg; Höchstgewicht 4,0 kg.
Körperbau, Kopf und Ohren: Leicht gedrungen (kein Weiße-Neuseeländer-Typ), dicht angesetzter Kopf, stabile Ohren. Braune Augen, dunkelhornfarbige Krallen.
Fellmerkmale: Mittellang. Genick und Schoßpartie ohne Locken. Gelbrötlich-braune Deckfarbe mit dunkel gespitztem Grannenhaar (rußartiger Schleier), dunkle Bauchfarbe. Maske, Ohren, Läufe, Kinnbacken, Seiten und Hinterschenkel sind rußartig gefärbt und nicht scharf abgegrenzt. Dunkel umgrenzte Augen, gelbrote Unterfarbe auf dem Rücken, cremefarbig an dunklen Körperstellen.
Leichte Fehler: Leichte Lockenbildung, etwas wenig Dichte; Seidenglanz etwas schwach, abweichende Deck- bzw. Bauchdeckfarbe,

schwacher oder etwas viel Rußanflug, etwas dunkler Kopf, leicht weiß durchsetzte Deckfarbe, schwache oder unreine Abzeichen, über die Augen reichende Maske, durchsetzte oder unreine Unterfarbe.
Schwere Fehler: Grobe Begrannung, starke Lockenbildung; Unterwolldichte, Seidenglanz oder Rußanflug fehlt; stark weiß durchsetzte Deckfarbe, dunkler Kopf, falsche Augen- oder Krallenfarbe, Abzeichen fehlen, stark andersfarbig durchsetzte Unterfarbe, blaue Unterfarbe auf dem Rücken.
Besonderheiten der Häsin: Bei älteren Tieren kleine, gut geformte Wamme erlaubt.

Fell   80×60×60   6–8   ★★

Schwarze Wiener
Mittelgroße Rasse

Rassegeschichte: 1925 erstmals in Deutschland ausgestellt. Bis in die sechziger Jahre eher gering verbreitet.

Gewicht: Mindestens 3,25 kg; Normal über 4,25 kg; Höchstgewicht 5,25 kg.

Körperbau, Kopf und Ohren: Walzenförmig, voll ausgeprägte Brust, kurzer Hals, kräftiger Nacken, mittellange, kräftige Läufe; knapp mittelhohe Stellung, kräftiger Kopf, breite Stirn- und Schnauzpartie, ausgeprägte Backen, stabile Ohren, der Körpergröße angepasst. Dunkelbraune Augen, schwarzbraune bis schwarze Krallen.

Fellmerkmale: Mittellang, sehr dichte Unterwolle, gleichmäßig begrannt. Schwarze, glänzende Deckfarbe; etwas mattere Bauchfarbe, dunkelblaue Unterfarbe bis zum Haarboden (je intensiver, desto besser).

Leichte Fehler: Kopf und Ohren nicht entsprechend ausgeprägt, leichte farbliche Abweichungen, etwas Rostanflug, leichte Durchsetzung, etwas helle Unterfarbe, angedeutete Zwischenfarbe, helle Spürhaare.

Schwere Fehler: Stark abweichende Kopf- und Ohrenbildung, stark grau melierte Deckfarbe, starke weiße Durchsetzung, weiße Flecken in der Deckfarbe, falsche Augen- und Krallenfarbe, ausgeprägte Zwischenfarbe, stark unreine Unterfarbe, weiße Unterfarbe am Haarboden.

Besonderheiten der Häsin: Etwas schnittiger, möglichst wammenfrei. Bei älteren Tieren kleine, gut geformte Wamme erlaubt.

Fleisch	80×60×60	6–8	★★★

Schwarzgrannen
Kleine Rasse

Rassegeschichte: Um 1960 in Celle aus Roten Neuseeländern und Chinchilla erzüchtet. Seit 1991 in Einheitsstandard.

Gewicht: Mindestens 2,0 kg; Normal über 2,5 kg; Höchstgewicht 3,25 kg.

Körperbau, Kopf und Ohren: Gedrungen, kurzer Kopf, kräftige Ohren. Braune Augen, hornfarbige Krallen.

Fellmerkmale: Nicht zu kurz. Zart abgetönte weiße Deckfarbe, leicht rußiger Anflug (an kürzer behaarten Körperstellen intensiver), helle bis mittlere Intensität; leicht gesäumte Ohren, weiße Wildfarbigkeitszonen (Bauch, Blumenunterseite, Innenseite der Läufe, Kinnbackeneinfassung, Augenringe, Nackenkeil), weiße Unterfarbe.

Leichte Fehler: Kopf und Ohren nicht entsprechend ausgeprägt, leicht unreine Deckfarbe, etwas dunkle Begrannung, etwas dunkel durchsetzte Wildfarbigkeitszonen, verschie-

den stark pigmentierte Krallen, leicht dunkel durchsetzte, bläuliche oder rußige Unterfarbe (außer Blumenoberseite).

Schwere Fehler: Kopf und Ohren stark abweichend, stark unreine Deckfarbe, fehlende oder bläuliche Begrannung, stark dunkler Anflug am Rumpf, stark dunkel durchsetzte Wildfarbigkeitszonen, falsche Augen- oder Krallenfarbe, erkennbare Zwischenfarbe, graue bis blaugraue oder stark dunkel durchsetzte Unterfarbe (außer Blumenoberseite).

Besonderheiten der Häsin: Zierlicher gebaut, wammenfrei.

60×60×50   6   ★★(★)

Schwarz-Rexe
Kurzhaarrasse

Rassegeschichte: Siehe Castor-Rexe.
Gewicht: Mindestens 2,5 kg; Normal über 3,5 kg; Höchstgewicht 4,5 kg.
Körperbau, Kopf und Ohren: Leicht gestreckt, etwas länglicher Kopf, stabile Ohren, mittelhohe Stellung. Dunkelbraune Augen, schwarzbraune Krallen.
Fellmerkmale: Sehr dicht, auf dem Rücken 17–20 mm, Grannenspitzen überragen Wollflaum max. 1 mm. Schwarze Deckfarbe, etwas matter am Bauch; dunkelblaue Unterfarbe.
Leichte Fehler: Leichte Abweichungen vom Rextyp; Kopf und Ohren nicht entsprechend ausgeprägt, leichte Locken, etwas überstehende Granne, wenig Spürhaare oder Unterwolle, etwas dünnes Fell, wenig behaarte Ohren, etwas matte oder leicht durchsetzte Deckfarbe, leichte Farbabweichungen, leicht grauer oder brauner Anflug, am Boden auf-

gehellte oder leicht durchsetzte Unterfarbe, bräunlicher Anflug unter der Decke, angedeutete Zwischenfarbe.
Schwere Fehler: Rumpf, Kopf und Ohren stark abweichend; falsche Haarlänge, sehr lange Begrannung, starke Lockenbildung, nicht überdeckbare Kahlstellen; Spürhaare fehlen, stark weiß durchsetzte Deckfarbe, falsche Augen- oder Krallenfarbe, stark aufgehellte oder weiß durchsetzte Unterfarbe, stark brauner Anflug unter der Decke, ausgeprägte Zwischenfarbe.
Besonderheiten der Häsin: Zierlicher gebaut. Kleine, gut geformte Wamme erlaubt.

Fell $80 \times 60 \times 60$ *8* ★★★

Separator
Kleine Rasse

Rassegeschichte: Ende 1920 in Deutschland aus sandfarbigen Tieren erzüchtet. Erneute Herauszüchtung in Dessau (1959) und Asendorf (1970) mit Thüringern, Blauen Wienern und Havanna. 1989 anerkannt.

Gewicht: Mindestens 2,25 kg; Normal über 3,0 kg; Höchstgewicht 3,75 kg.

Körperbau, Kopf und Ohren: Walzenförmig, mittellange Läufe, kurzer, breiter Kopf; stabile Ohren. Graubraun bis blaugraue Augen, hornfarbige Krallen.

Fellmerkmale: Mittellang, dicht. Sandfarbig gelbbraune Deckfarbe mit fehblauem Anflug. An Kopf, Ohren, Läufen und Blumenunterseite überwiegt der fehblaue Farbton. Bläulicher Schleier an Seiten und Hinterschenkeln, bläuliche Bauchfarbe, gelbliche bis cremefarbige Unterfarbe, nicht scharf abgegrenzt zur Deckfarbe.

Leichte Fehler: Kopf nicht entsprechend ausgeprägt, nicht der Körpergröße und dem Typ entsprechende Ohren; Deckfarbe leicht durchsetzt; fast fehfarbiger, einfarbiger Kopf; leicht durchsetzte Unterfarbe.

Schwere Fehler: Kopf und Ohren stark abweichend, Deckfarbe stark durchsetzt, weiße Büschel in der Deckfarbe, einfarbiger Kopf, bläulicher Schleier fehlt, fehlender Farbanflug an Seiten und Schenkeln, falsche Augen- oder Krallenfarbe, andersfarbige oder stark durchsetzte Unterfarbe.

Besonderheiten der Häsin: Feiner gebaut, möglichst wammenfrei. Bei älteren Tieren kleine, gut geformte Wamme erlaubt.

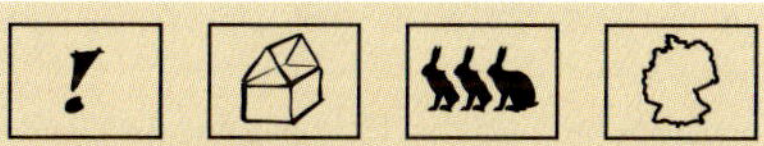

60×60×50   6   ★★

Gelb

Siamesen
Kleine Rasse

Rassegeschichte: Nach Wiedervereinigung in Einheitsstandard aufgenommen.

Farbenschläge: Gelb (bräunliche Augen, dunkelhornfarbige Krallen), Blau (blaugraue Augen, hornfarbige Krallen).

Gewicht: Mindestens 2,0 kg; Normal über 2,5 kg; Höchstgewicht 3,25 kg.

Körperbau, Kopf und Ohren: Leicht gedrungen, kurzer Kopf, stabile Ohren.

Fellmerkmale: Feine Struktur. Gelb: Hellgelbe Deckfarbe, brauner Anflug; Seiten aufgehellt, Schultern dunkler, Rückenstreifen. Blau: Hellcremefarbige Deckfarbe; Schulter- und Hinterpartie dunkler; graublaue oder schieferfarbige Abzeichen; Rückenstreifen. Beide: Dunkle Maske, Ohren, Läufe und Blume; hellere Stirn, Blumenunterseite und Unterfarbe.

Leichte Fehler: Etwas fleckige oder durchsetzte Deckfarbe, etwas dunkle Seiten oder Stirn; Rückenstreifen unvollständig, aufgehellte Vorderläufe, etwas unreine Unterfarbe, angedeutete Zwischenfarbe, zweierlei Krallenfarbe. Blau: Bräunlicher Anflug.

Schwere Fehler: Fleckige oder durchsetzte Deckfarbe, weiß gespitzte Grannen in Abzeichen, dunkler Kopf, falsche Augen- oder Krallenfarbe, dunkle Abzeichen fehlen, seitlicher Streifen oder Zwischenfarbe ausgeprägt, Unterfarbe dunkler als Deckfarbe. Gelb: Blaue Abzeichen. Blau: Braune Abzeichen.

Besonderheiten der Häsin: Wammenfrei.

60×60×50   6–8   *

Thüringer
Mittelgroße Rasse

Rassegeschichte: Um 1900 in Thüringen aus Schwarzsilbern, Russen und grauen Lothringer Riesen erzüchtet.

Gewicht: Mindestens 2,5 kg; Normal über 3,5 kg; Höchstgewicht 4,25 kg.

Körperbau, Kopf und Ohren: Gedrungen, kurzer Kopf, feste Ohren. Braune Augen, dunkelhornfarbige Krallen.

Fellmerkmale: Mittellang, sehr dichte Unterwolle. Gelbrötlich-braune Deckfarbe mit dunkel gespitzen Grannen, rußartig dunkle Bauchdeckfarbe. Maske, Ohren, Läufe, Augenumgebung, Kinnbacken, Seiten und Hinterschenkel sind nicht scharf abgegrenzt und rußartig gefärbt. Helle Blumenspitze, gelb-rötliche Unterfarbe bis zum Haarboden. An den dunklen Körperteilen ist die Unterfarbe cremefarbig bis graublau.

Leichte Fehler: Nicht entsprechende Deck- bzw. Bauchdeckfarbe, wenig oder etwas viel Rußanflug, etwas dunkler Kopf, leicht weiß durchsetzte Deckfarbe, schwache Abzeichen, über die Augen reichende Maske, schwache oder durchsetzte Unterfarbe.

Schwere Fehler: Stark weiß durchsetzte Deckfarbe, weiße Flecken, Fehlen des Rußanfluges, dunkler Kopf, falsche Augen- oder Krallenfarbe; Abzeichen fehlen, stark durchsetzte Unterfarbe, blaue Unterfarbe auf dem Rücken.

Besonderheiten der Häsin: Feiner gebaut, möglichst wammenfrei. Bei älteren Tieren kleine, gut geformte Wamme erlaubt.

80×60×60 6–8 ★★★★

Weiße Hotot
Mittelgroße Rasse

Rassegeschichte: 1910 in Frankreich (Normandie) aus schwach gezeichneten französischen Schmetterlingskaninchen erzüchtet.

Gewicht: Mindestens 3,0 kg; Normal über 4,0 kg; Höchstgewicht 5,0 kg.

Körperbau, Kopf und Ohren: Leicht walzenförmig, länger und höher gestellt als beim Weißen Wiener, kurzer und kräftiger Kopf, breite Stirn, stabile Ohren, zum Körper passend. Dunkelbraune Augen, farblose Krallen.

Fellmerkmale: Mittellang, vollgriffig, gut begrannt.

Zeichnung: Schwarzer, schmaler Augenring (3–5 mm breit), der die Augen gleichmäßig umfasst; Augenlider nach den Seiten hin etwas mehr fleischfarbig. Weiße Deck- und Unterfarbe.

Leichte Fehler: Kopf und Ohren nicht entsprechend ausgebildet; etwas breite, schmale oder ungleichmäßige Augeneinfassung;

fleischfarbige Augenlider; Augenringe leicht weiß durchsetzt, Farbabweichungen, leicht gelblicher oder grauer Anflug, schwacher Glanz.

Schwere Fehler: Stark abweichende Kopf- oder Ohrenbildung, zu breite (über 6 mm) oder unterbrochene Augenringe, mit weißen Flecken durchsetzte Augenringe, falsche Augen- oder Krallenfarbe, dunkle Flecken am Körper, stark gelblicher oder grauer Anflug, fehlender Glanz.

Besonderheiten der Häsin: Möglichst wammenfrei. Bei Althäsinnen kleine, gut geformte Wamme erlaubt.

80×60×60   6–8   **

Weiße Neuseeländer
Mittelgroße Rasse

Rassegeschichte: Zwischen dem 1. und 2. Weltkrieg in Amerika (Kalifornien) erzüchtet; gelangten um 1960 nach Deutschland. Ausgangsrassen waren unter anderem Rote Neuseeländer und Angora.

Gewicht: Mindestens 3,0 kg; Normal über 4,0 kg; Höchstgewicht 5,0 kg.

Körperbau, Kopf und Ohren: Blockig, stark bemuskelt, gut gerundeter Hinterkörper, kräftige, kurze Läufe; Stellung mit Bodenfreiheit, kurze, eng anliegende Blume; kurzer und kräftiger Kopf, breite Stirn- und Schnauzpartie, kurzer Hals, Ohrenlänge passend zum Körper (10–11 cm ideal), starkes Gewebe, gut abgerundet. Rot durchleuchtende Augen, weiße Krallen.

Fellmerkmale: Mittellang mit reichlich Unterwolle, gleichmäßige, kräftige Begrannung. Weiße, glänzende Deckfarbe, ohne jede farbliche Abweichung; weiße Unterfarbe.

Leichte Fehler: Kopf oder Ohren nicht entsprechend ausgebildet, etwas kurze oder lange Ohren; Farbabweichungen am Körper, leicht gelblicher oder grauer Anflug, schwacher Glanz.

Schwere Fehler: Stark abweichende Kopf- oder Ohrenbildung, gänzlich abweichende Tragweise der Ohren, zu kurze (unter 8,5 cm) oder zu lange (über 13 cm) Ohren, stark gelblicher oder grauer Anflug, fehlender Glanz, falsche Augen- oder Krallenfarbe.

Besonderheiten der Häsin: Möglichst wammenfrei. Bei älteren Tieren kleine, gut geformte Wamme erlaubt.

Fleisch

80×60×60

6–8

★★★★★

Weiße Wiener
Mittelgroße Rasse

Rassegeschichte: 1907 in Österreich (Wien) aus schwach gezeichneten blau-weißen Holländern erzüchtet; 1910 erstmals in Deutschland. Wichtig: Typmäßig kein Weißer Neuseeländer!

Gewicht: Mindestens 3,0 kg; Normal über 4,0 kg; Höchstgewicht 5,0 kg.

Körperbau, Kopf und Ohren: Etwas kleiner als der Blaue Wiener. Besonders walzenförmig, mittelhohe Stellung, kurzer Kopf mit breiter Stirn- und Schnauzpartie, gut ausgeprägte Backen, Hals nicht merklich ausgebildet, kräftige, ca. 10,5–11,5 cm lange Ohren. Blaue Augen, weiße Krallen.

Fellmerkmale: Mittellang, sehr dichte, feine Unterwolle; gleichmäßig begrannt; gut behaarte Ohren. Weiße, glänzende Deckfarbe ohne farbliche Abweichungen am gesamten Körper; weiße Unterfarbe.

Leichte Fehler: Etwas massiger Typ, schwa-che Stellung, nicht entsprechende Kopf- und Ohrenbildung, leichte Farbabweichungen am Körper, leicht gelblicher oder grauer Anflug, schwacher Glanz.

Schwere Fehler: Gänzlich fehlender Wienertyp, fehlende Stellung, stark abweichende Kopfbildung, zu kurze (unter 9 cm) oder zu lange (über 13,5 cm) Ohren, stark gelblicher oder grauer Anflug, fehlender Glanz, falsche Augen- oder Krallenfarbe.

Besonderheiten der Häsin: Etwas schnittiger, möglichst wammenfrei. Bei älteren Tieren kleine, gut geformte Wamme erlaubt.

Fell/Fleisch

80×60×60

6–8

★★★★

Schwarz

Weißgrannen
Mittelgroße Rasse

Rassegeschichte: 1949 in Thüringen in einem Wurf Chinchilla aufgetreten.

Farbenschläge: Schwarz (dunkelbraune Augen), Blau (blaugraue Augen), Havannafarbig (braune Augen), dunkelhornfarbige Krallen.

Gewicht: Mindestens 2,5 kg; Normal über 3,5 kg; Höchstgewicht 4,25 kg.

Körperbau, Kopf und Ohren: Gedrungen, kurzer Kopf, kräftige Ohren.

Fellmerkmale: Mittellang. Deckfarbe erfasst Oberkörper, Kopf, Ohren und Läufe. Bauchdecke, Laufinnenseiten, Blumenunterseite, Einfassungen der Nasenlöcher, Kinnbacken, Ohren und Augen sowie Flecken am Ohrenansatz und Rumpfbegrannung sind weiß. Dunkle Schoßflecken, silbergrauer bis weißer Nackenkeil, dunkelblaue Unterfarbe.

Leichte Fehler: Melierte Schnauze, leicht durchsetzte Deck- und Unterfarbe, leichter Rostanflug; Augen- oder Krallenfarbe leicht abweichend, schwache Abzeichen; Grannenspitzen ungleichmäßig, Augen- oder Kinnbackeneinfassung leicht unterbrochen.

Schwere Fehler: Weiße Flecken, stark durchsetzte Deckfarbe, starker Rostanflug, zu schwache Abzeichen; Augen-, Kinnbacken- oder Ohreneinfassung fehlt; weiße Brust oder Unterfarbe; Bauchunterfarbe fehlt, falsche Augen- oder Krallenfarbe.

Besonderheiten der Häsin: Feiner gebaut, möglichst wammenfrei. Ältere Tiere: Kleine, gut geformte Wamme erlaubt.

Fell   80×60×60   8–10   ★★★(★)

Weiß-Rexe
Kurzhaarrasse

Rassegeschichte: Siehe Castor-Rexe.

Gewicht: Mindestens 2,5 kg; Normal über 3,5 kg; Höchstgewicht 4,5 kg.

Körperbau, Kopf und Ohren: Leicht gestreckt, etwas länglicher Kopf, ideale Ohrenlänge 11–12 cm. Rote oder blaue Augen, weiße Krallen.

Fellmerkmale: Sehr dicht, auf dem Rücken 17–20 mm, keine Locken- oder Wirbelbildung. Kleiner, möglichst lockenfreier Nackenkeil; gut behaarte Ohren. Weiße, glänzende Deckfarbe, ohne jede farbliche Abweichung; weiße Unterfarbe.

Leichte Fehler: Leichte Abweichungen vom Rextyp; Kopf und Ohren nicht entsprechend ausgeprägt, leichte Wirbel oder Locken in der Decke, leicht überstehende Granne, wenig Unterwolle, etwas dünnes Fell, schwache Fellstruktur, wenig behaarte Ohren, wenig Spürhaare, leichte Farbabweichungen

am Körper, leicht gelblicher oder grauer Anflug, schwacher Glanz.

Schwere Fehler: Stark abweichende Rumpf- und Kopfbildung, zu kurze (unter 9 cm) oder zu lange (über 14 cm) Ohren, gänzlich abweichende Tragweise der Ohren; zu kurzes oder zu langes Haar, sehr lange Begrannung, starke Wirbel oder Locken in der Decke, nicht überdeckbare Kahlstellen, fehlende Spürhaare, stark gelblicher oder grauer Anflug in der Deckfarbe, fehlender Glanz, falsche Augen- oder Krallenfarbe.

Besonderheiten der Häsin: Zierlicher gebaut. Kleine, gut geformte Wamme erlaubt.

Fell   80×60×60   8–10   ★★★

Havannafarbig

Zwergfuchskaninchen, farbig
Langhaarrasse

Rassegeschichte: Um 1970 aus Hermelin und Fuchskaninchen erzüchtet.

Farbenschläge: Schwarz (dunkelbraune Augen, schwarzbraune Krallen), Havannafarbig (braune Augen, dunkelhornfarbig Krallen), Fehfarbig (blaugraue Augen, dunkle bis hornfarbige Krallen).

Gewicht: Mindestens 1,0 kg; Normal 1,1– 1,35 kg; Höchstgewicht 1,5 kg.

Körperbau, Kopf und Ohren: Gedrungen, kurzer Kopf; breite Stirn- (in Augenhöhe: Rammler ca.5,5 cm, Häsin ca. 5 cm) und Schnauzpartie, etwas hervortretende Augen, ideale Ohrenlänge ca. 5,5 cm.

Fellmerkmale: Ca. 3,5–5 cm am Körper; an Kopf, Ohren und Läufen normal lang. Leicht fahle Deckfarbe, kurz behaarte Körperteile intensiv farbig, kräftige Unterfarbe.

Leichte Fehler: Nicht entsprechend ausgeprägter Kopf, tief liegende Augen; Ohren

länge über 6 bis 7 cm. Abzüge je nach Abweichung und Erscheinungsbild (je 1/2 cm 1 Punkt). Unausgeglichene Haarlänge, etwas wolliges Haar, leichte Filzbildung, Anlage zur Ohrbüschel- und Behangbildung.

Schwere Fehler: Nicht geschlechtstypischer Kopf; Ohrenlänge unter 4,5 oder über 7 cm. Zu dünne Behaarung; Haarlänge unter 3,5 cm, starke Filzbildung, ausgeprägte Ohrbüschel- und Behangbildung, falsche Augen- oder Krallenfarbe.

Besonderheiten der Häsin: Körper weicht kaum von dem des Rammlers ab; wammenfrei.

60×50×50   4   *

Zwergfuchskaninchen, weiß
Langhaarrasse

Rassegeschichte: Um 1970 in Deutschland aus Hermelin und Fuchskaninchen erzüchtet.

Gewicht: Mindestens 1,0 kg; Normal 1,1–1,35 kg; Höchstgewicht 1,5 kg.

Körperbau, Kopf und Ohren: Gedrungen, kurzer Kopf; breite Stirn- (in Augenhöhe: Rammler ca.5,5 cm, Häsin ca. 5 cm) und Schnauzpartie, etwas hervortretende Augen, ideale Ohrenlänge ca. 5,5 cm. Rot durchleuchtende oder blaue Augen, weiße Krallen.

Fellmerkmale: Ca. 3,5–5 cm am Körper; an Kopf, Ohren und Läufen normal lang. Weiße Deck- und Unterfarbe.

Leichte Fehler: Nicht entsprechend ausgeprägter Kopf, tief liegende Augen; Ohrenlänge über 6 bis 7 cm. Abzüge je nach Abweichung und Erscheinungsbild (je 1/2 cm 1 Punkt). Unausgeglichene Haarlänge, etwas wolliges Haar, etwas wenig Dichte, leichte Filzbildung, Anlage zur Ohrbüschel- und Behangbildung. Farbabweichungen am Körper, leicht gelber oder grauer Anflug, schwacher Glanz.

Schwere Fehler: Nicht geschlechtstypischer Kopf; Ohrenlänge unter 4,5 oder über 7 cm. Zu dünne Behaarung; Haarlänge unter 3,5 cm, starke Filzbildung, ausgeprägte Ohrbüschel- und Behangbildung, stark gelblicher oder grauer Anflug in der Deckfarbe, fehlender Glanz, falsche Augen- oder Krallenfarbe.

Besonderheiten der Häsin: Körper weicht kaum von dem des Rammlers ab; wammenfrei.

60×50×50 4 ✱

Castorfarbig

Zwerg-Rexe
Kurzhaarrasse

Rassegeschichte: Ursprungsland Holland. 1967 in Berlin und 1969 in Ettlingen Erzüchtung diverser Farbenschläge.

Farbenschläge: Schwarz, Blau, Blaugrau, Weiß, Gelb, Dreifarbenschecken, Dalmatiner-, Chinchilla-, Castor-, Havanna-, Rhön-, Feh-, Lux-, Loh-, Marder- und Russenfarbig.

Gewicht: Mindestens 1,0 kg; Normal über 1,2–1,4 kg; Höchstgewicht 1,6 kg.

Körperbau, Kopf und Ohren: Gedrungen, breite Stirn und Schnauze, ideale Ohrenlänge ca. 6 cm.

Fellmerkmale: Sehr dicht, auf dem Rücken 14–17 mm, keine Locken, kleiner Nackenkeil, gut behaarte Ohren. Farbe und Zeichnung: Siehe jeweilige Rassen.

Leichte Fehler: Leichte Typabweichungen, nicht entsprechend ausgeprägter Kopf, tief liegende Augen; Ohren über 6,5 bis 7,5 cm. Abzüge je nach Abweichung und Erschei-

nungsbild (je 1/2 cm 1 Punkt). Leichte Lockenbildung, leicht überstehende Granne, wenig Spürhaare oder Unterwolldichte, wenig behaarte Ohren.

Schwere Fehler: Stark abweichender Typ; Wammenansatz bei beiden Geschlechtern, nicht geschlechtstypischer Kopf; Ohren unter 5 oder über 7,5 cm, sehr lange Begrannung, starke Lockenbildung, nicht überdeckbare Kahlstellen am Sprunggelenk, fehlende Spürhaare, falsche Felllänge, Augen- oder Krallenfarbe.

Besonderheiten der Häsin: Körper unterscheidet sich kaum von dem des Rammlers; wammenfrei.

60×50×50   4   ⋆(⋆)

Schwarz-Weiß

Zwergschecken
Zwergrasse

Rassegeschichte: 2002 in den Standard aufgenommen.

Farbenschläge: Schwarz-Weiß, Dreifarbig, Havannafarbig-Weiß (braune Augen); Blau-Weiß (blaugraue Augen), weiße Krallen.

Gewicht: Mindestens 1,2 kg; Normal über 1,4–1,8 kg; Höchstgewicht 1,9 kg.

Körperform, Kopf und Ohren: Gedrungen, breite Stirn- (in Augenhöhe: Rammler ca. 5,5 cm, Häsin ca. 5 cm) und Schnauzpartie, ideale Ohrenlänge ca. 6,5 cm.

Fellmerkmale: Relativ kurz, dichte Unterwolle.

Zeichnung: Schmetterling, Unterkiefer beidseitig eingefasst, Augenringe, Backenpunkte, Ohrenzeichnung, Aalstrich, 5–7 Seitenflecken.

Leichte Fehler: Ohren unter 6 oder über 7 cm, gezackter Schmetterling; Unterkiefereinfassung fehlt einseitig, Augenringe oder Aal-strich ungleichmäßig, Ohrenansatz und Kopfzeichnung unrein, leicht anhängende Seitenzeichnung, leicht durchsetzte Zeichnungsfarbe, fleischfarbener Lippenspalt.

Schwere Fehler: Ohren unter 5,5 oder über 8 cm, unvollständiger Schmetterling; Dorn oder Unterkiefereinfassung fehlt, anhängende Backenpunkte, Augenringe oder Seitenzeichnung; Augenring oder Aalstrich unterbrochen, weniger als 3 Seitenpunkte, stark durchsetzte Zeichnungsfarbe; Nasenspitze oder Lippenspalt weiß, falsche Augen- oder Krallenfarbe.

Besonderheiten der Häsin: Markanter Kopf, wammenfrei.

60×50×50   4   *(*)

Grau

Zwergwidder
Zwergrasse

Rassegeschichte: 1952 in Holland aus Farbenzwergen, Deutschen und Englischen Widdern erzüchtet.

Farbenschläge: Siehe Deutsche Kleinwidder; zusätzlich Hotot-, Japaner-, Loh-, Lux-, Marder-, Russen-, Siam- und Weißgrannenfarbig.

Gewicht: Mindestens 1,2 kg, Normal über 1,5–1,9 kg; Höchstgewicht 2,0 kg (gilt ab 10/2006).

Körperbau, Kopf und Ohren: Gedrungen, ausgeprägter Kopf, 22–28 cm Behanglänge.

Fellmerkmale: Relativ kurz, dichte Unterwolle. Anforderungen und Mängel der jeweiligen Rassen.

Zeichnung: Mantelzeichnung; Kopf und Behang überwiegend farbig, weißer Stirnfleck; Kinnbackeneinfassung, Unterlippe, Brust, Blumenunterseite, Vorder- und Hinterläufe weiß; Bauch überwiegend weiß, Unterfarbe nur im Mantelbereich erforderlich.

Leichte Fehler: Wenig Kopf, schlecht getragene Ohren. Gescheckte: Teils gefärbte Unterlippe, fehlender Stirnfleck, ungleichmäßiger, leicht durchsetzter Mantel; weiße Flecken an Kopf, Krone oder Behang; Farbflecken auf der Brust.

Schwere Fehler: Stark abweichender Kopf, Aufrechttragen eines oder beider Ohren, weniger als 22 und mehr als 28 cm Länge. Gescheckte: Einfarbiger Kopf, gefärbte Unterlippe, viel Weiß am Kopf, unvollständiger, stark durchsetzter Mantel; falsche Augen- oder Krallenfarbe.

Besonderheiten der Häsin: Feiner gebaut, wammenfrei.

60×50×50   4–5   ★★★★★

Blau

Thüringerfarbig

Siamfarbig Gelb

Weißgrannenfarbig Schwarz

Grau-Weiß

Weiß, Rotaugen

Adressenverzeichnis

**Zentralverband Deutscher Kaninchen-
züchter**
Peter Mickmann
Mittelfeldweg 19b
27607 Langen
Tel. 0 47 43/65 82

Landesverband Baden
Jörg Hess
Untere Stöckstraße 17
75180 Pforzheim-Büchenbronn
Tel. 0 72 31/7 32 83

Landesverband Bayern
Erwin Leowsky
Sonnenstraße 20
95213 Münchberg
Tel. 0 92 51/36 92

Landesverband Berlin-Mark Brandenburg
Karl-Heinz Heitz
Biedermannweg 15
14052 Berlin
Tel. 0 30/30 20 70 56

Landesverband Bremen
Peter Mickmann
Mittelfeldweg 19b
27607 Langen
Tel. 0 47 43/65 82

Landesverband Hamburg
Ulrich Hinrichsmeyer
Dachsweg 7
21266 Jesteburg
Tel. 0 41 83/9 75 93 90

Landesverband Hannover
Karl-Heinz Cleve
Vor den Beeken 18
38268 Lengede
Tel. 0 53 44/68 60

Landesverband Hessen-Nassau
Ronald Mertinkus
Von-Brentano-Straße 16
63073 Offenbach
Tel. 0 69/89 40 00

Landesverband Kurhessen
Bernhard Große
Im Rosengarten 8
37269 Eschwege
Tel. 0 56 51/9 62 76

**Landesverband Mecklenburg-
Vorpommern**
Peter Kalugin
Straße der Einheit 1
19217 Schlagresdorf
Tel. 03 88 75/2 02 01

Landesverband Rheinland
Hubert Bürling
Zur Kakushöhle 1a
53894 Mechernich-Eiserfey
Tel. 0 24 84/6 98

Landesverband Rheinland-Nassau
Josef Groß
Im Wingertsberg 12
56651 Niederdürenbach
Tel. 0 26 36/64 18

Landesverband Rheinland-Pfalz
Harald Jung
Im Flürchen 9
67757 Kreimbach
Tel. 0 63 08/71 21

Landesverband Saar
Werner Nehren
Pappelweg 22
66578 Schiffweiler-Heiligenwald
Tel. 0 68 21/6 96 50

Literaturverzeichnis

Landesverband Sachsen
Manfred Seiler
An der Siedlung 10a
01468 Moritzburg
Tel. 03 52 07/8 20 21

Landesverband Sachsen-Anhalt
Klaus Zimmermann
Bierer Straße 9
39221 Welsleben
Tel. 03 92 96/2 02 75

Landesverband Schleswig-Holstein
Günter Mahrt
Legan 18
24816 Stafstedt
Tel. 0 48 75/4 49

Landesverband Thüringen
Günter Ewald
Hauptstraße 100
07554 Pölzig
Tel. 03 66 95/2 22 25 + 2 27 78

Landesverband Weser-Ems
Christian Ruhr
Wiardstraße 12
26725 Emden
Tel. 0 49 21/5 12 30

Landesverband Westfalen-Lippe
Walter Pfeifer
Hubertusstraße 7
57439 Attendorn
Tel. 0 27 22/57 03

Landesverband Württemberg-Hohenzollern
Manfred Rommel
Kolpingstraße 159
70378 Stuttgart
Tel. 07 11/53 31 23

Bundesministerium für Verbraucherschutz, Ernährung und Landwirtschaft: Verordnung zum Schutz von Tieren beim Transport, Anlage 3 (zu § 18), Stand 2002.

Niehaus, Heinrich: Unsere Kaninchenrassen, Band II Rassebeschreibungen. Verlag Oertel + Spörer, Reutlingen 1987.

Scholz, Hans-Peter: Kaninchen-Kompass. 3. Auflage. Verlag Oertel + Spörer, Reutlingen 2002.

Zentralverband Deutscher Kaninchenzüchter: Allgemeine Ausstellungs-Bestimmungen, 2004.

Zentralverband Deutscher Kaninchenzüchter: Lehrschrift für Kaninchenzüchtervereine, Ausgabe 56/Juni 1998.

Zentralverband Deutscher Kaninchenzüchter: Lehrschrift für Kaninchenzüchtervereine, Ausgabe 57/Juni 1999.

Zentralverband Deutscher Kaninchenzüchter: Lehrschrift für Kaninchenzüchtervereine, Ausgabe 58/Juni 2000.

Zentralverband Deutscher Kaninchenzüchter: Standard 2004. Verlag Zentralverband Deutscher Kaninchenzüchter e.V., Mönchengladbach 2004.

Das Blaue Jahrbuch 2005, Oertel + Spörer Verlags-GmbH + Co., Reutlingen.

Deutscher Kleintier-Züchter, Verlag Oertel + Spörer, Reutlingen.

Kaninchenzeitung, HK Hobby- und Kleintierzüchter Verlagsgesellschaft mbH & Co. KG, Berlin.

Mit schönen Farbfotos.

Dieses Buch bietet Ihnen **solides Grund-wissen** rund um Kaninchen. Angefangen beim Bau eines Kaninchenstalls gibt es neben Informationen zur **artgerechten Haltung und Pflege** auch Hinweise zu Futter und Krankheiten sowie deren Behandlungsmöglichkeiten. Praxiswissen erhalten Sie auch rund um die Themen Zucht, Fortpflanzung und Nachwuchs sowie zur Fleisch- und Fellerzeugung.

Kaninchen.

S. Seim. 2002. 96 S., 54 Farbf., 16 Zeichn., geb.
ISBN 3-8001-7477-4.

Ganz nah dran.

Rund um das Kaninchen.

Eindrucksvoll versteht es der Autor, **seine Erfahrungen** aus der eigenen Kaninchenhaltung weiterzugeben. Neben der **artgerechten** Unterbringung, dem Umgang und der Fütterung der Tiere, geht er auch auf Vermehrung und Aufzucht ein. Daneben sind die Produkte, Felle und Wolle, vornehmlich aber das sehr schmackhafte Fleisch das eigentliche Ziel der Kaninchenhaltung.

Kaninchen halten.

P. Grün. 3. Aufl. 1999. 128 S., 32 Farbf., 33 Zeichn., geb. ISBN 3-8001-7466-9.

Ulmer

Ganz nah dran.